波蘭女孩×台灣男孩 蜜拉士愷的實境生活

慢聊波蘭

作者
蜜拉 (Emilia Borza-Yeh)
葉士愷

目錄

Polska mentalność

Społeczeństwo i kultura

03

波蘭飲食文化

Kultura jedzenia

04

波蘭生活日常

Życie codzienne

作者序

蜜拉 (Emilia Borza-Yeh)

每當我告訴朋友我來自波蘭，常常會有人誤聽為芬蘭或荷蘭。雖然這些國家差異很大，卻因為名字都有個蘭，就造成大家的混淆。或許是因為大家對波蘭很陌生吧？明明波蘭是個很有特色的國家，但在台灣，波蘭的相關資訊比較缺乏，我覺得十分可惜。

從華沙大學漢學系畢業之後，我在台灣求學、工作、成家，度過了好幾年的歲月。士愷帶著我認識台灣文化，我也在日常生活中，一點一滴地體會波蘭和台灣的差異。

而現在，我們搬到了波蘭生活。我和士愷的身分互換，我開始以波蘭人的身分，帶著士愷認識這個和台灣截然不同的地方。每一個尋常的日子，再普遍不過的事情，我們都能從中發現值得細細探討的文化差異。

我們把在波蘭生活的種種發現記錄下來，希望能藉由士愷的文字和我們各自的觀點，帶大家更了解這塊土地。我們也期待從這些波蘭生活故事之中，讓大家反過來更認識也更了解自己所在地區的文化特色。

書中內容取材自我們的主觀看法，不同的人來波蘭生活，可能會有不同的感受。希望大家喜歡這本書，也希望這本書可以陪伴大家度過輕鬆快樂的時光。

《波蘭女孩X台灣男孩 甜蜜愛戀全紀錄》
《別笑！用撲克牌學波蘭語》
《波蘭女孩x台灣男孩教你基礎波蘭文！》YOTTA線上課程

葉士愷

遙想當年，在陰錯陽差之下，我選擇了波蘭作為我人生造訪的第一個歐洲國家。當時的我怎麼也沒有想到，自己未來會成為波蘭女婿，撰寫多本波蘭相關的書籍，甚至在波蘭長居。

為了開創新的機會，從2019年底開始，我們搬到了波蘭生活。從前短期造訪波蘭時，心情總是輕鬆愉悅，看什麼事情都覺得新鮮有趣。在波蘭定居，開始面對柴米油鹽的生活挑戰後，我也有了不同於遊客的全方位波蘭體驗。

生活不會總是無憂無慮，我們會遇到困難，也會遇到難解的問題。特別是2020年疫情爆發之後，我們所有的計畫都被打亂，甚至連回台探親都成了遙不可及的事情。然而也正是因為這些意外，讓我們有了更深刻的波蘭生活經驗。

在相同的環境生活久了，有時會對所有的事情習以為常，期待這本書能帶大家發現許多有意思的文化觀點。世界上沒有最完美的地方，不論身在何處來自何方，都一定擁有許多無可取代的特質。正是這些差異讓世界更加有趣，我們也才有這麼多趣事或怪事分享給你。

在夜深人靜時，我們偶爾會問自己，如果當初沒有決定來波蘭生活，我們的人生會不會有什麼差別呢？正因為時光無法倒轉，人生無法回頭，才更凸顯這些故事的價值。

波蘭就是波蘭，不是芬蘭也不是荷蘭。現在就請閉上眼睛，和我們一起體驗波蘭生活吧！

作品

《在家環遊世界！400沙發客住我家》
《波蘭自助超簡單：波蘭女孩X台灣男孩帶你去旅行》(太雅出版)
《信不信由你 一週開口說波蘭語》

Chapter 01

波蘭人所思所想

Polish mentality

對大多數的人來說，波蘭是相當陌生的國度。要了解波蘭，或許可以從認識波蘭人的個性開始。波蘭人的性格頗具特色，價值觀也與台灣人迥然不同。波蘭人喜歡什麼？討厭什麼？究竟對波蘭人來說，什麼才是最重要的價值？讓我們細細探討，一起揭開波蘭的神祕面紗。

Polska mentalność

波蘭是東歐還是中歐？

如果你上網搜尋關於波蘭的中文資訊，可能會看到有些人說，波蘭人不喜歡被別人視為東歐，他們大部分都會說波蘭屬於中歐。但有趣的是，蜜拉的家族都覺得波蘭就是屬於東歐沒錯。奇怪了，難道蜜拉的家族成員都不是典型波蘭人嗎？

也因此每次看到這類的文章和論點，總會讓我充滿疑惑。是中歐還是東歐有這麼重要嗎？為什麼會有兩派不同的觀點？我們大致從政治經濟、歷史、語言、飲食、地理位置的角度，來分析看看吧！

政治經濟上

在過去，波蘭深受蘇聯影響，施行社會主義，在意識形態上與中西歐涇渭分明。因此在 1989 年之前，以政治的角度將波蘭劃分在東歐，非常直覺，也普遍受到大家認同。

華沙依舊可見部分社會主義時代的雕塑。

而從經濟面來看，過去波蘭採行計畫經濟，人民收入不高，經濟發展緩慢，與中西歐國家有明顯的差異。而許多其他的東歐國家，經濟表現同樣不亮眼，物資相對缺乏。因此從經濟的角度，在過去我們也習慣將波蘭視為東歐。

在波蘭轉型成民主國家、施行市場經濟，加入歐盟之後，波蘭經濟持續成長。人民變得相對有錢，物質生活大大改善。民主自由，保障人權等觀念，也成為社會的普遍價值。也因此現今不論是從政治還是經濟的角度來看，波蘭反倒和一些公認的東歐國家（如烏克蘭）有著明顯的差異。

許多波蘭人覺得若自己被視為是東歐，就擺脫不了舊時代的諸多負面形象，如貧窮、極權、共產等等。這些都是波蘭摒棄已久的東西，為了避免被錯誤聯想，波蘭人的「中歐」自我認同動機也就提升了。

歷史上

波蘭和條頓騎士團、普魯士、德意志帝國等等，在歷史上結下了不少梁子，戰爭不斷。許多波蘭的土地，也曾經被德國所控制。例如北部城市格但斯克，就曾多次被德國掌控，甚至有個德語名字「但澤」。西南部大城弗羅茨瓦夫，在德國統治期間名為「布雷斯勞」，這裡甚至還出過多達10位的德裔諾貝爾獎得主。

由此可見，波蘭與中歐德國的關係，真是淵遠流長。但我們把目光望向東邊，也能發現波蘭與俄羅斯在歷史上的關係，也是剪不斷理還亂。雖然同樣是以斯拉夫人為主體的國家，但兩邊至少曾經發動過接近20次的大型戰爭，也曾多次占領彼此的領地。俄國曾經統治華沙，波蘭也曾經攻下莫斯科。

而現今白俄羅斯、烏克蘭這些東歐國家的許多土地，過去都曾經是波蘭的領土。這樣看起來，波蘭和其東邊的地區真的有很深的淵源。

也因此我們只能說波蘭在歷史上，與東邊和西邊都有關係。有人覺得波蘭和西邊的關係較深，但我們卻認為波蘭與東邊的關係才更是盤根錯節，這也是我們覺得波蘭更像東歐國家的原因之一。

語言上

如果從語言來看，大概沒有人會覺得波蘭語和德語有類似的地方。然而

甜菜根湯 (barszcz czerwony) 是波蘭、烏克蘭、俄羅斯都有的家常菜。

波蘭語與烏克蘭語、俄語確實比較相近，他們都是斯拉夫語系。不僅文法、發音相似，有些詞彙甚至聽起來是一樣的。若波蘭人同時學習德語和俄語，德語的難度絕對比較高。

如果我們把烏克蘭和俄羅斯定義成東歐國家，從語言的角度來看，無庸置疑，波蘭是比較偏向東歐的。

飲食上

如果從飲食文化分析，波蘭料理和烏克蘭、俄羅斯的相近程度，就更是明顯了。這些國家有許多相似的家常菜，例如餃子、甜菜根湯、高麗菜卷、馬鈴薯餅等等。而且他們都非常喜歡在各式菜肴上加上酸奶油，增添口感。

就連飲料，也是波蘭和東歐國家較為類似。他們都有水果水，也都自產多款伏特加，甚至波蘭與俄羅斯都聲稱自己才是伏特加的發源地。

因此從飲食文化來比較，波蘭較為接近東歐國家。相信有去過俄羅斯、波蘭、烏克蘭的朋友，也一定能體會出這三國在食物上的相近程度。

地理位置上

認為波蘭是中歐國家的人，也常常叫人拿出地圖確認。他們聲稱波蘭的位置在歐洲地圖的中間，所以稱波蘭為中歐是合理的。

讓我發揮理工宅的精神，仔細用經度計算一下。若以烏拉山脈作為歐洲最東端，葡萄牙洛卡角為歐洲最西端。歐洲就位於西經10度到東經60度的這段範圍內。將這兩個數值平均一下，就可以知道歐洲的中間位置，應該會落在東經25度左右。這條經線通過的區域，也就是數學上名符其實的「中歐」。

波蘭的經度範圍在東經14度到24度之間。照這樣來看，波蘭的位置不只是在中間，甚至是中間偏西邊一些。也因此，根據地理位置來斷言波蘭是中歐國家的人，論點看似有些道理。

有趣的事情是，這條東經25度的中線，剛好會通過烏克蘭和白俄羅斯。但我們會因為這樣，把烏克蘭和白俄羅斯視為中歐國家嗎？如果有一天，這兩國也聲稱因為自己在歐洲中間，所以應該是中歐國家。照這樣看來，純東歐國家可能只剩下俄羅斯了。

中歐還是東歐，見仁見智！都期許波蘭更好

波蘭人當中，認為波蘭屬於中歐或是東歐的兩派人馬，都是存在的。就蜜拉的認同感而言，波蘭比較像東歐國家。但我也能明白許多波蘭人，喜歡

稱自己為中歐國家的緣由。

根據我自己的交友經驗，如果你問一些老牌的已發展歐洲國家，如英國、法國、德國等國家的人，他們也多半會認為波蘭比較像東歐。

有些波蘭人覺得自己是中歐國家，但其他國家的人並不認同。這個現象是否也反映著，波蘭處在一個轉型過程的中間地帶，和過往的東歐刻板印象已有所不同，但卻和理想境界仍有一些差距？

波蘭人希望自己的國家能持續進步，朝著更先進、更富裕的方向前進。「中歐」或許只是「東歐」與「西歐」間一個折衷的稱謂？如果有一天，烏克蘭的經濟也開始發展，到了像波蘭的程度。會不會到時候，烏克蘭也會希望別人稱呼他們為中歐國家呢？（而且他們還有數學中線的加持呢！）

在近年來，其實「東歐」這個詞彙，已慢慢擺脫了過往的負面形象。我自己私心希望，未來有一天，東歐文化能在世界掀起熱潮，波蘭可以發揮自己的特質，作為一個亮眼的東歐代表國家。

傳統的男女分工

在這個男女平權的時代，許多諸如「男主外、女主內」的性別刻板印象，在台灣已經漸漸被顛覆。然而在波蘭，男人和女人的角色定位，普遍來說還是相當傳統。

還記得蜜拉哥哥結婚的時候，整個家族的人都出席了婚禮，一同狂歡了兩天一夜。當大家喝酒跳舞時，有個身影一直默默地、安靜地待在角落。她是蜜拉堂哥的老婆小卡，懷孕6個月的她，整場婚禮都坐在一旁照顧2歲的孩子。安靜的小卡，和喧鬧的氣氛成了強烈的對比。

幾個月後，蜜拉爸媽在家裡辦了一場家族聖誕聚會。小卡也出席了，這一次她依舊在角落的沙發上，專心帶著小孩。那個畫面就如同幾個月前的婚禮一樣，只是一個孩子變成了兩個孩子。

長達4個小時的聚會，堂哥偶爾會去和孩子說說話，但大部分的時間，都是小卡在照顧。雖然她的神情看起來有些疲倦，但依舊默默地照顧小孩，完全沒有一點怨言。

這樣的畫面在波蘭不算少見，社會期待媽媽背負起照顧小孩的責任。如果有媽媽不太照顧小孩，就會被視為是失職的媽媽。但如果爸爸不照顧小孩，大家的觀感就沒有那麼負面。或許有些人還會幫爸爸找理由，覺得一切都是因為他工作太辛苦了。

蜜拉第一次去台灣時，看到公園有這麼多照顧孩子的爸爸，真的超級訝異。一群爸爸帶孩子，這樣的場景在波蘭不如台灣常見。不只是帶小孩出門，就連幫小孩洗澡和換尿布，相信也難不倒許多台灣爸爸。

波蘭男女分工較傳統

乍聽之下，大家可能會覺得台灣女權高於波蘭。而蜜拉卻給了我不同角度的看法。她覺得這應該是波蘭男女的分工上比較傳統，和男女不平等沒有關係。

雖然照顧小孩的責任，主要落在波蘭媽媽身上。但家中的許多大小事，特別是苦力活，則由爸爸負責處理。需要新的家具？爸爸做給你。電器壞了？爸爸修給你。水電有問題？爸爸來解決。想要去哪個地方？爸爸載你去。

以我們波蘭的家為例，蜜拉爸爸不但會自己裝修房子，就連院子的池塘、鴿房、菜園等等，也都是他自己動手打造的。雖然這個例子可能有點極端，不是每個波蘭男人都可以做到一樣的事。但背後隱藏的意義是，波蘭的男女分工，真的比較傳統。男人和女人都有各自的守備範圍，涇渭分明。

不只是男女分工很傳統，就連男性要照顧女性的觀念，在波蘭依舊存在。之前和蜜拉的妹妹一起搭火車，她扛行李上車廂時，一位陌生男子脫下帽子，主動協助把她的行李拉上去。確認行李安置好後，他和妹妹點個頭就離去了，完全沒有其他的企圖，只是為了幫忙。

在車廂內，也常常看到陌生男子，幫婦女或是老人將行李放到上方行李架。他們神情自若，看起來就像是再自然不過的事情。用餐時，男生也習慣會幫女生倒飲料、拉位子，離開前也會協助女生穿上外套。

幾年前我們在台灣舉辦婚禮時，曾邀請蜜拉家人來台灣一趟。第一晚的聚餐，酒酣耳熱，大家聊得非常開心。眼看酒已經喝完了，士愷媽媽趕緊外出到超市再買幾瓶回來，並幫每個人倒滿酒。事後蜜拉爸爸告訴我們，當下他其實非常不好意思，因為在波蘭從來就只有男生幫女生倒酒。要女生出去幫男生買酒，就更是天方夜譚了。

就我的經驗來說，這類的老派紳士作風，在台灣是相對少見的。大家不會特別在乎，有哪些事情應該要由男生來做，又有哪些事情由女生來做更適合。但也不是說哪種習慣就一定比較好，不同的文化，本來就會呈現出不同的社會樣貌。

雖然波蘭年輕的一代，也有漸漸改變的趨勢，但大抵來說波蘭社會對於男女定位還是相對傳統。波蘭女生會不會因此缺少某些發展機會？性別教育的推廣會不會有其局限性？在台灣，男生也能做好家事，照顧好小孩，會不會也會產生其他問題呢？這些就交給不同的人去評斷了。

路上觀察　月台和火車車廂的間距大

台灣不論是捷運、火車、高鐵，月台和車廂的間距都不會太大，在上下車時不太有可能跌進去。然而波蘭的火車和月台間，通常有一定的間距，如果不小心，真的有可能會踏空摔倒。這也是為什麼那位陌生男子，會特別幫妹妹把行李抬進車廂的原因。

主動幫妹妹搬行李的波蘭男子。

抱怨是波蘭的全民運動

如果問本地人，波蘭人有什麼特色？不同的人看法可能會有出入，但大家一定都同意，波蘭人非常喜歡抱怨。

第一次領略到波蘭人的抱怨功力，是去申請銀行帳戶的時候。銀行行員告訴我，除非我可以證明自己一定需要這個帳戶，否則就必須等到拿到居留證才能申請。還沒有申請居留證的我，只好摸摸鼻子準備離開。坐在一旁的中年男子，開始主動和我們攀談。他似乎聽到了我們的對話，知道我們之後要去申請居留證。

中年男子告訴我們，他從前幫他的烏克蘭老婆申請波蘭居留證，花了超久的時間。最後他乾脆找人代辦，花了大約2,000元波幣（約14,600元台幣）。他警告我們要有心理準備，申請居留證的流程讓人相當崩潰。他花了5分鐘抱怨完整個體制，才依依不捨地讓我們離去。

我其實滿感謝他的分享，覺得他應該是出自好心，希望我們在跑流程前，心裡有個底。但蜜拉告訴我，其實他的出發點應該不是要幫我們，純粹只是想抱怨罷了。

蜜拉還說，這次我們的運氣算是不錯，只遇到一個人抱怨。如果現場有其他人也有類似的不好經驗，他們甚至會一起抱怨，組成抱怨合唱團，彷彿抱怨是種傳染病一樣。

後來我們搭火車回家，對面坐了一個老奶奶，上車後不久就開始大聲講電話。因為她的表情面露無奈，我便好奇地問蜜拉，她到底在說什麼。既然表情這麼不悅，音量這麼大，應該是在講非常重要的事情吧！

結果蜜拉告訴我，原來她只是打電話給朋友，抱怨今天的天氣不好……天啊，不過是天氣不好，有嚴重到需要打電話跟別人抱怨嗎？

這樣的狀況還算是輕微的，如果不想聽，就做自己的事情就好。但有時候搭火車時，還會遇到那種主動和你攀談，向你分享生活悲慘故事的乘客（以老奶奶居多）。我們有一次在機場，遇到一個波蘭家庭，其中有位成員拿出手機，秀出某個親戚的肺部X光照片給我們看，說他生了很嚴重的病，老天真是不公平。對已經習慣台灣生活的我們來說，聽多了這些負面的話，心情還真的會受到影響。

互相抱怨可聯繫情感

親友聚會時，抱怨也是一種聯絡彼此感情的方式。某次聖誕節，蜜拉父母邀請親戚來家裡用餐，我們問其中一位舅舅，最近過得怎麼樣？他嘆了一口氣，回答說最近還是一樣，馬馬虎虎。不等我們回應，他就繼續說，他的孩子最近不太好。他的車子最近被大樹壓到了，整台報銷要去維修。其他親戚見狀，也紛紛聊起最近生活各種不順的事情。試想台灣的過年聚會場合，應該不太可能有人聊這麼負面的話題吧？

從前剛開始學英文的時候，很快就會教到 How are you？（你好嗎？）這個問句，但課本或老師教的答案，卻總是 I am fine, thank you.（我很好，謝謝）。我曾經以為，當別人用外語問你好不好，總是要回答：我很好，這樣才是標準的答案。

來到波蘭，才發現「你好嗎？」是個非常需要小心的問題，因為通常對方不會回答樂觀的答案，總是會開始抱怨，把不順遂的事情一吐為快。

也因為這樣，蜜拉在教別人波蘭文時，總是會給學生許多悲觀的回答例句，例如「不太好 (kiepsko)」、「最好不要說 (lepiej nie mówić)」之類的。畢竟學會這些抱怨的起手式，才能更貼近波蘭的真實文化。

我問蜜拉，如果告訴波蘭人自己最近過得很好，會怎麼樣呢？蜜拉想了想，告訴我這樣對方應該會覺得你怪怪的。看來過度樂觀、總是回答「我很好」的美國人來到波蘭，大概會被投以異樣眼光吧！

波蘭愛抱怨的原因眾多

對於抱怨風氣的成因，蜜拉和家人也都不確定是為什麼。我們問過不少波蘭人，有的人覺得這是天生的，有的人覺得這和波蘭的艱困歷史有關。1795～1918年，是波蘭處於被瓜分的時期，不存在地圖上。在國家滅亡的痛苦心境下，反倒凝聚形塑了波蘭人的民族性和認同感。

我自己則猜想，抱怨的習慣可能和過去波蘭社會主義時代有關。當時生活相對壓抑，常發生許多無可奈何的事情（例如買不到東西、薪水很低、政府很官僚等等）。人們不能透過積極的作為來改善現況，既然如此，那就用抱怨來紓壓吧！

不論背後的原因為何，波蘭人喜歡抱怨的特性舉世聞名，這是連波蘭人自己都承認的。下次當你的波蘭朋友，開始跟你分享最近有多麼不順、多麼倒楣的時候，千萬別被嚇到囉！你也可以向對方抱怨回去，共享抱怨病毒，聽說這也是一種讓彼此感情更融洽的方式，有如伏特加一樣。

為什麼波蘭人不喜歡排隊？
沒有排隊的名店，

如果要舉出波蘭人厭惡做的事情，排隊絕對榜上有名。

在台灣看到一間大排長龍的餐廳，很多人應該會覺得這裡的餐點很好吃，也想跟著一起排隊吧？甚至有些人根本不知道這個隊伍在排什麼，為了不錯過好康，總之先跟著排再說。

但這類事情在波蘭，幾乎不可能發生。波蘭人如果看到用餐需要排隊，他們大概會選擇去吃其他餐廳。他們不太能理解為什麼有人會願意花那麼久的時間，只為了吃一頓飯。

過去的計畫經濟，讓波蘭人不愛排隊

蜜拉告訴我，這大概跟過去社會主義時代，實行計畫經濟有關。因為當時實施物資管制，買東西都需要排隊。大家已經排隊排到煩了，導致整個社會都很厭惡排隊。

文化觀察

波蘭人願意為食物排隊的時刻

說波蘭人不可能為了食物排隊，這句話不完全正確。因為每逢胖胖星期四的日子來臨(請參考 P.59)，波蘭人可是會為了買甜甜圈排隊的喔！特別是那些有名的甜甜圈麵包店。

在經濟惡化的20世紀80年代，因為物資缺乏，政府開始發行配給卡。你必須擁有這張卡，才有權利買東西。例如買肉、麵粉、奶油、白糖、衛生紙、巧克力、汽油這類東西，都需要有相對應的配給卡，否則是沒有辦法自由買到的。

但拿到了卡片，也不代表你一定可以買到。你只是擁有這個權力，有入場券而已。許多人會拿著卡，到商店排很久的隊，就是希望自己可以幸運買到這樣東西。

因為配給卡非常有價值，因而衍伸出許多特別的交易方式。例如有人喝酒但不抽菸，他就可以找不喝酒但抽菸的人，拿菸卡交換酒卡。

配給卡衍伸出各式交易模式

黑市交易也很盛行，有能力拿到各種卡片的人，可能會變成盤商，再轉賣給其他需要的人。在當時如果你熟識肉鋪的店長，可能會被視為地位很高的人。因為波蘭肉品的需求量一直很大，如果店長願意私下賣肉給你，你就可以拿肉去交換各種稀有物資。

排隊文化也間接創造許多新的就業機會，有些店家需要聘請店員來管制排隊。若你不想排隊，也可以請別人幫你排隊，再給他錢或是配給卡作為酬勞。

歷經如此恐怖的排隊地獄時期，波蘭人討厭排隊的文化，或許就不那麼難理解了。下次如果安排和波蘭朋友用餐，記得別選需要排隊拿號碼牌的店！

不愛排隊，但卻習慣火車誤點

等食物非常沒耐心，但是等誤點的火車，波蘭人卻可以接受。這一點和台灣剛好相反，這也是我發現的有趣差異。

身為旅波外國人的我，特別喜歡看波蘭電視新聞，可以從中發現一些有趣的差異。有一次波蘭電視台報導，日本新幹線因為誤點幾分鐘向乘客道歉。

火車誤點是稀鬆平常的事

日本崇尚準時的文化，對台灣人來說不是什麼新鮮事。但對波蘭人來說，這則新聞就很有意思了。蜜拉家人告訴我，很難想像有個國家，會因為火車誤點而道歉。如果波蘭的標準也這麼嚴格，波蘭火車公司可能每天都道歉不完了。波蘭火車常誤點，誤點個幾分鐘，人們根本不會放在心上。

蜜拉妹妹曾經因為遇到下雪，火車誤點了超過10小時，一直到凌晨才回到家。這樣看起來，新幹線誤點個幾分鐘，真的不是什麼大不了的事情。

波蘭火車常誤點，大家習以為常，但有趣的是波蘭人卻反倒不能接受去餐廳還要排隊。

誤點到最後直接取消班次

火車誤點還不是最慘的狀況，蜜拉家人曾經遇過一個誇張的狀況。等火車時，發現告示牌寫著誤點5分鐘。5分鐘過去，告示牌又改成誤點10分鐘。就這樣，誤點時間告示以5分鐘為單位，一路疊加上去。數字大到一個恐怖的程度後，最後告示牌便改成列車取消。

因為遇過不少類似的狀況，蜜拉媽媽總是說火車誤點沒關係，沒有取消就好，有總比沒有好囉！

蜜拉爸爸每天都會開車去火車站接下班的媽媽，因為波蘭火車常常誤點，所以爸爸總是會習慣性地晚幾分鐘出門。如果遇到了火車準點，媽媽準時抵達車站，爸爸反倒會覺得不太習慣。

看到波蘭人乖乖等誤點火車的畫面，你可能會覺得波蘭人都很有耐心，很願意等待，這絕對是天大的誤會。波蘭人非常不喜歡排隊等候，唯獨對火車誤點可以忍受，但也可能是因為別無選擇吧！

波蘭是個沒有微笑的國度？

很多人都說，波蘭人不喜歡笑，總是看起來兇兇的。大家習慣板著一張臉，讓人感覺難以親近。這樣的刻板印象是真的嗎？

前往波蘭生活前，我特地到台灣的照相館拍大頭照，準備之後申請波蘭居留證時使用。拍照時攝影師請我微笑一下，一旁的蜜拉馬上提醒，請我千萬不能笑，就算是再小的微笑都不行。

蜜拉說申請居留證的網站，有特別提醒大家，照片千萬不能露牙齒，也不能笑，否則照片會被退回，需要重新補件。相較起來，台灣的證件照雖然也規定不能露牙齒，但微笑是沒問題的。

這段小插曲，也提醒了我，在「笑」這件事情上，台灣和波蘭的確存在著巨大的文化差異。

我還記得小時候，曾經遇過不只一位小學老師，提醒大家平常要保持微笑，這樣才是有禮貌。但根據我在波蘭的生活經驗，在路上要看到笑臉，真的是比在台灣還難上許多。不管是在公車還是大街上，路人都不太可能面帶微笑。

波蘭服務員鮮少有笑容

不只是路上的陌生人如此，去購物用餐時，也不太容易遇到笑臉迎人的服務生。就連波蘭的空服員，也都不一定會笑。不但我不太習慣，就連在台灣生活許久的蜜拉，也覺得這樣怪怪的。

素昧平生的路人，互相不微笑，也不是什麼特別的事。但如果服務生用冷漠的態度對待客人，好像真的有點怪怪的。難不成服務生的臉這麼臭，是不希望大家進去消費嗎？

有些來過波蘭的網友會反應，他們去買東西時，店員對他們擺臭臉，他們耿耿於懷，甚至還特別私訊問我們這是種族歧視嗎？而我們總是回答，其實連蜜拉去買東西，對方的態度可能也是一樣。所以他們不是種族歧視，而是歧視所有的客人。（不過這當然是玩笑話……）

有時候我們也會想，如果台灣人到波蘭開店，把台灣的服務文化帶過來，會不會在波蘭市場大受歡迎呢？波蘭人面對一群微笑親切的服務生，會不會反倒不自在？就像進入奇幻電影，來到另外一個世界？

在台灣生活久了，我們早已習慣了滿臉笑容的服務文化。來到波蘭，不只我要入境隨俗，連蜜拉也是。我們不太敢奢望，能夠得到媲美台灣的親切服務。偶爾在波蘭遇見笑容滿面的服務生，我們總是喜出望外，願意多給一些小費，甚至把這間店推薦給其他朋友。

除了波蘭之外，其他的斯拉夫國家好像也有類似的現象。曾經有位俄羅斯的朋友告訴我，在他們的文化裡，也是不流行面帶微笑的。如果你在路上微笑，別人甚至會把你當瘋子。看來不只是波蘭，不笑的風氣，在斯拉夫世界中算是通則呢！

當然這些觀點是出自我們個人經驗，我們也相信絕對會有人造訪波蘭後，覺得不少人都笑臉迎人囉！

波蘭人真實做自己！把笑容留給家人

在路上比較少看到波蘭人笑，這也不代表波蘭人就永遠不會笑。在親戚朋友聚會的場合，就不存在這種板著臉的文化了。每年蜜拉家族的聖誕節聚會，大夥總是一邊喝伏特加，一邊唱歌歡笑，那樣熱鬧的程度也是我在台灣很少見到的。

我曾經聽過一位波蘭朋友說，他覺得沒有理由的笑，其實很假，好像是為了隱藏自己真實的情緒。其實想一想，台灣的服務員可能常有類似狀況，即使覺得很累、心情不好，但為了工作還是要擠出微笑。

文化觀察

波蘭證件照標準與台灣大不同

在台灣拍波蘭用的證件照前，其實我們有特別參照波蘭政府網站上的規定，但最後結果還是不合標準。看來波蘭和台灣兩地對證件照的要求差異甚大，建議有相同需求的朋友，不妨直接在波蘭照就好了。

左邊是蜜拉大學畢業證書的照片，在波蘭拍攝，表情正經不微笑。右邊是蜜拉台灣居留證的照片，在台灣拍攝，可面帶微笑。

為了環境的和諧，而壓抑自己的真實情緒，努力露出笑容，在台灣可能被視為敬業和禮貌，但在波蘭卻不存在這樣的文化。波蘭人比較不會顧忌大環境的氣氛，而改變自己的情緒表達方式。

在波蘭生活久了，我也才發現，不微笑這件事情，不代表不禮貌。只不過波蘭人更傾向把笑容，留給和自己親近的家人朋友。

下次來波蘭，遇到看起來兇兇的波蘭人，可千萬別被嚇到了。而遇到對你微笑的波蘭人，你也可以確定對方是真的喜歡你，就放心地回個微笑回去吧！

波蘭人十分重視家庭關係

對波蘭人來說，什麼是最重要的事情呢？根據統計，有百分之八十的波蘭人認為家庭最重要。其次依序為健康、平靜的生活、朋友、尊嚴等等。

波蘭家人之間的關係，是非常緊密的。許多波蘭人都說，什麼事情都比不上家人來的重要。那種特殊的連結，是一輩子的。不像某些歐美國家給人的印象，當小孩長大之後，彼此之間就淡了，成了兩個獨立的個體。在波蘭，即使子女成年之後還和父母住在一起，也不是奇怪的事情。

波蘭家人如果住在不同地方，常常會透過電話維繫感情。蜜拉從前在台灣生活時，每星期都會和家人通電話聊天。而且不是打個招呼就算了，他們至少會聊一個小時，分享最近發生的事情。即使大家生活在不同地方，但總是可以知道彼此的近況。

波蘭的家庭觀念相當強，子女即使成年搬出去後，也通常會和父母保持良好的關係。

家人總是全力支持，是最大的倚靠

家庭成員間要相互協助的觀念，也普遍深植於波蘭人心中。我們每次回波蘭，即使自己搭車回家並不麻煩，但蜜拉爸媽還是堅持來機場接我們。如果天氣太冷，還會特別從家裡帶大外套過來，就怕我們著涼。他們都有自己的工作，但不管再怎麼忙，再怎麼沒時間，他們總是會想辦法把那天空下來。

我們剛認識的時候，我住在新加坡，蜜拉住在台灣。當時還是學生的蜜拉，沒什麼經濟能力，但蜜拉哥哥很大方地贊助她機票，讓她可以飛過來找我。縱使剛出社會的他，手頭也沒那麼寬裕，但他覺得只要蜜拉玩得開心，一切都是值得的。而我們最後也在新加坡告白，開始交往，看來那張機票居功厥偉。

蜜拉的妹妹在比較偏遠的地方念戲

劇舞蹈學系，每年在當地都有不少公演。每個家庭成員都會特別千里迢迢趕過去看表演，獻花給妹妹，希望可以參與妹妹的重要時刻。

從蜜拉和家人的互動中，我深刻體會到波蘭家庭關係的緊密程度，以及家人至上的價值。讓我印象最深刻的，是蜜拉與爸爸關於信鴿的一段往事。

蜜拉對爸爸愛的行動

剛來台灣的蜜拉，不太敢講中文。當時她雖然已經學了幾年，在教室裡可以講得很流利，考試也都沒問題，但來到了台灣的街頭，卻發現大家講話的速度好快，她都跟不上。

體會到了衝擊之後，蜜拉有好一段時間，都不好意思開口說中文、和台灣人互動。但有趣的事情是，也差不多在那個時候，蜜拉竟然去了一個連我都沒去過，甚至不敢去的地方。這個地方是「信鴿用品店」，蜜拉竟然一個人跑去那邊買東西。

不敢和台灣人說中文，卻敢一個人去逛這麼特別的地方？後來我才知道，原來蜜拉特別去買信鴿的雜誌，打算帶回波蘭給爸爸看。

蜜拉爸爸對信鴿很有興趣，她從小看著爸爸養鴿子長大，也看著爸爸打造出一間又一間的鴿房。所以當她確定有機會來台灣念書後，就一直在計畫，要送爸爸台灣信鴿相關的東西。

文化觀察

波蘭的名字日

除了生日之外，波蘭也有名字日，每一個波蘭名字都有一個自己的專屬紀念日。對很多傳統波蘭人來說，名字日的重要性不亞於生日。這一天親朋好友甚至會打電話給你，除了祝福問候之外，也會聊聊近況。如果有人的名字比較特殊，不屬於波蘭的傳統名字，他就可能沒有自己的名字日了。

波蘭月曆上除了日期之外，也會標上每天的名字日為何。

文化觀察

波蘭的姓

大部分的波蘭女人結婚後，會把姓換成夫家的姓。然而有時候即使是家人，彼此的姓卻因為性別而有所不同，比如爸爸和哥哥的姓是 Kowalski，媽媽和妹妹的姓卻是 Kowalska。

也因為這樣，她鼓起勇氣，走進那間傳統的矮房，用顫抖的語氣說中文，與一臉疑惑的中年老闆進行溝通，最後成功買到了一本信鴿雜誌，作為給爸爸的禮物。

爸爸有一群在波蘭養信鴿的朋友，他們平常都會一起看波蘭的信鴿雜誌。有一次，他無意間說到，如果自己小孩的文章，能刊登在信鴿雜誌上，讓他的朋友都看到，他會非常驕傲。

蜜拉聽到之後，為了讓爸爸開心，馬上開始了投稿的計畫。她研究台灣養鴿方式和波蘭的差異，再寫成一篇很長的文章，偷偷寄給雜誌。沒有想到，下一期的雜誌，真的把蜜拉的文章刊登出來了。爸爸看到了之後，很開心地和朋友們分享，蜜拉看到這個畫面，也覺得好滿足。

後來我們打算拍影片，把波蘭養鴿的環境，介紹給大家。爸爸為了支援我們，還特地開車到15公里外的朋友家，向他借某樣道具，也沒有其他特別的原因，就為了讓我們可以拍出完整的影片。

也不只是蜜拉的家人，從我認識的其他波蘭朋友身上，也都可以找到為家人鼎力幫忙的例子。波蘭人在決定事情的時候，不會只想到自己，也會想到家人。能讓家人和自己都開心，那就是最好的選擇。看來在家庭觀念和習慣上，台灣和波蘭倒是滿接近的。

學波蘭語大不易

從前在學習英文時，總覺得最辛苦的部分就是背單字了。不但要背成千上萬個單字，有時背了新的，就忘了舊的，只好再重背。背單字成了讓人絕望的無限循環。

大魔王一：動詞變位

決定要學波蘭文後，已經做好了準備，需要重新經歷一次背單字的酷刑。開始接觸之後，才發現我想得太單純了，我遇到的第一個大魔王叫「動詞變位」。什麼是動詞變位呢？簡單地說，根據不同的主詞、不同的時態，同一種動詞會有不同的呈現型態。

舉例來說，「有 (mieć)」這個動詞，除了原型之外，現在式又分成「我 (mam)」、「你 (masz)」、「他/她/它 (ma)」、「我們 (mamy)」、「你們 (macie)」、「他們/她們 (mają)」所專用的「有」。不同的主詞，會使用不同的「有」。

所以光是這個動詞，可能就要背上7種變化了。

而且不要忘了，我們還沒有討論到時態。波蘭文也有未來式、現在式、過去式，這些狀況下動詞也都會變化。即使是現在式，也分為一般的、假設的、命令的狀況，動詞也都會有所改變。這樣乘下來，光是「有」這個字的表達方式，就可以做成一張表了呢！

有沒有開始覺得英文很簡單了呢？

而且當主詞是「我(ja)」或是「你(ty)」時，主詞通常會省略，句子就會變成完全沒主詞的樣子。例如「我是士愷」這句話，實際上波蘭人通常只會說「是士愷(Jestem Szykaj.)」。因為那個「是」是「我」專用的「是」，所以波蘭人也不會搞混到底誰才是士愷。

大魔王二：詞性隨陰、陽、中性而不同

另外一個大魔王，則是名詞的詞性。根據詞性的不同，句子的長相也會不同。

波蘭文單數名詞，有分陽性、陰性、中性。一般來說可以根據字尾來判斷，如果是子音就是陽性，如果是a或i就是陰性，如果是o、e、ę、um就是中性。即使如此，還是有例外的狀況，那就要自己熟記了。

為什麼我說詞性也是大魔王呢？因為根據名詞詞性的不同，我們所使用

的形容詞也會不同。舉例來說，在單數的狀況下，「漂亮的」就有分成陰、陽、中性三種的「漂亮的」。這樣算起來，形容詞的單字量，等於是英文的三倍之多。

開口之前，要先思考一下使用的名詞，到底是什麼詞性，然後再建構出整句話。對於台灣人來說，應該也是很難想像的吧！

大魔王三：「格」的變化

另外一個魔王，則是「格」。

除了動詞變位和詞性之外，波蘭文還有7種「格」。簡單地說，就是名詞、形容詞、數字、代名詞會在不同的使用情況下做變化。以其他語言來舉例，英文有主格、受格、所有格。而波蘭文卻硬是多了這麼多種，而且相較於英文，波蘭文的格變化較為複雜，沒辦法用三言兩語就解釋完。所以對許多人來說，乾脆直接把這些變化死背起來比較省事。

對了，再補充一下。以上所介紹的，都是主詞是單數的狀況，如果主詞是複數，不管是形容詞還是動詞都要改變。而且波蘭文名詞的複數，也不像英文那樣，加個s就搞定了。

複數也是有區分的，一個團體裡面沒有男性，以及一個團體裡面有男性，遣詞用字也會有不同的架構。

文化觀察

千變萬化的波蘭文

波蘭文有多複雜呢？舉個例子，光是數字 2 就有 17 種不同的表達說法。依據使用情境的不同，會有不同的變化。

學會波蘭文，可與斯拉夫人溝通

這些種種繁雜的規則，讓許多學習波蘭文的朋友，吃足了苦頭。對母語是中文的人來說，波蘭文很難，甚至可能是世界上最難的語言。但對母語是其他斯拉夫語系的人來說，波蘭文就沒那麼恐怖了。這道理就像是台灣人學日文，比西方人學日文容易許多一樣。

學波蘭文雖然具挑戰性，優點倒也不少。除了可以和 3,800 萬的波蘭人對話之外，如果你學會了波蘭文，再去學其他斯拉夫語言，例如俄文、捷克文，也會比較容易上手。

如果會說波蘭文，也能直接和波蘭人以外的部分斯拉夫人溝通。世界上與波蘭文最相近的語言，是斯洛伐克文。如果今天有個波蘭人與斯洛伐克人聊天，他們各自使用自己的語言，依然可以聽懂對方大致的意思。同樣的狀況，也發生在捷克文和烏克蘭文身上。用波蘭文和這兩個國家的人溝通，雖然語言不同，但或多或少能猜到部分的語意。

看完了這篇文章大致的介紹，如果你依舊沒有退縮，歡迎跟著蜜拉老師的腳步，一起學習波蘭文吧！

波蘭對世界各國的愛恨情仇

全世界有超過 200 個國家，某些國家間互動友好，某些國家間則水火不容。而波蘭也不例外，和其他國家有著特殊的愛恨糾葛。我們挑出了幾個比較具代表性的國家，給大家參考波蘭的國際關係。但也別忘了，以下的觀點參雜了我們的主觀看法，肯定也是有波蘭人與我們觀點有異的。

匈牙利：有著友好邦誼

波蘭和匈牙利有著相當好的交情，雖然匈牙利人不是斯拉夫人，但許多人都認為兩者是很類似的國家。

回顧波蘭和匈牙利的歷史，可以發現兩國的友誼其來有自，歷史上波蘭從來沒有和匈牙利有過衝突。不僅如此，過去也曾發生過波蘭和匈牙利國王是同一人的狀況，真的是親上加親。波蘭在 1918 年重新獲得獨立後，曾經和蘇俄有過一場激烈的戰爭，1920 年時，戰線還延伸到了華沙，史稱「華沙

kebab 是許多波蘭人相當喜愛的土耳其美食。

戰役」。匈牙利在當時站在波蘭這邊，提供波蘭許多武器援助。這樣的舉動，也大大提升了波蘭對匈牙利的友好度。

從民間的角度來看，兩國人民互有好感。從政治的角度來看，兩國的政局也很類似。執政黨皆為保守派，強調民族主義，反對接收中東難民。兩國在近年也不約而同地，被歐盟視為叛逆的成員國。

很多人都認為波蘭人和匈牙利人是好兄弟，有福同享有難同當，可以一起打仗，也可以一起喝酒。為了紀念兩國的交情，他們甚至選了3月23日這一天，作為「波蘭匈牙利友誼日」。

土耳其：互助友好的關係

另一個與波蘭友好的國家，可能會出乎大家的意料之外，那就是土耳其。

波蘭有不少喬治亞餐廳，也有不少喬治亞移民在此生活。

兩國的文化、宗教、地理位置都差異甚大，歷史上兩國也曾經多次交戰。但其實在君士坦丁堡被鄂圖曼土耳其攻陷之前，兩國曾經維持了超過600年的外交關係。

波蘭於18世紀末被普魯士、俄羅斯帝國、奧地利帝國三國瓜分時，土耳其是少數沒有承認這件事的國家。因為土耳其在當時對波蘭人相當友好，許多波蘭人便移居土耳其，也間接協助了土耳其的發展。如今在伊斯坦堡附近，甚至還有著波蘭後代群居的區域。

土耳其在波蘭落難時，幫了波蘭一把，波蘭也在之後投桃報李。鄂圖曼帝國時期結束，土耳其共和國建國之時，波蘭是全世界第一波承認的國家之一，兩國還火速簽訂了波蘭土耳其友誼協議。當時土耳其國父凱末爾訪問波蘭時，波蘭也以傳統儀式歡迎他，獻上麵包和鹽巴。

喬治亞：相知相挺的好情誼

與波蘭關係最好的國家，一定不能漏掉喬治亞。波蘭和喬治亞在歷史上，都曾面對俄國的入侵，也曾擁有類似的經驗（如被迫受制於俄國，被迫加入沙皇軍隊等等）。他們有著共同的威脅，對彼此的際遇更有同理心，在這樣的背景下就更能培養出情誼。而到了近代，波蘭與喬治亞感情更是不斷升溫，其中的關鍵，就在2008年的一場著名演說。

2008年8月，俄羅斯與喬治亞發生衝突，戰事逼近喬治亞的首都提比里斯。在戰事進行期間，波蘭總統卡欽斯基親自飛到那裡，發表了聲援喬治亞的公開演說，呼籲國際要一同支持喬治亞。當時在台下數十萬的人群，一同大聲呼喊波蘭，場面相當壯觀。因為波蘭總統幫忙喬治亞發聲，讓當地人民非常感動，甚至後來國內有些街道的路名，就直接命名為卡欽斯基路。

2010年時，卡欽斯基總統不幸因為墜機而罹難。他的喪禮前夕，不巧遇到冰島火山爆發，影響了整個歐洲的航班。許多原本計畫來參加的各國政要，都因此不克前來。但當時正在美國訪問的喬治亞總統薩卡希維利，卻先搭飛機到葡萄牙，長途跋涉，依序通過義大利、土耳其、保加利亞、羅馬尼亞，最後抵達了波蘭克拉科夫，一共花了十幾個小時。這件事情也證明了兩國之間的友誼，就連火山爆發都無法改變。

一直到現在，喬治亞人如果看到波蘭製的商品，都會愛屋及烏地將其視為

1 許多餐廳的菜單也都會附上烏克蘭文。

2 在波蘭也可以找到不少烏克蘭餐廳。

是非常好的東西。有許多波蘭人現在在喬治亞發展，也有不少喬治亞人在波蘭定居。兩國之間的交流密切，喬治亞絕對是波蘭近幾年來感情最好的國家。

烏克蘭：移居到波蘭的最大宗

因為烏克蘭的經濟發展較慢，許多烏克蘭人都想出國工作。波蘭不但距離烏克蘭較近，加上不論是語言和文化，都與烏克蘭較為相似。因此相較於西歐國家，波蘭常常成為烏克蘭人到國外發展的首選。

近幾年來，波蘭境內的烏克蘭人越來越多，他們大多從事基層的工作。2019 年之後，在波蘭生活的烏克蘭人甚至已經超過了一百萬人。許多店家的告示，也都紛紛加上了烏克蘭文版本。甚至在路上也能看見，以烏克蘭文撰寫的

2

廣告。

這股移居波蘭的浪潮，似乎沒有減緩的跡象。我們造訪移民署服務站申請居留證時，也發現人數最多的申請者，就是烏克蘭人。

雖然在波蘭民間，也有反對烏克蘭移民的聲音，但整體來說，波蘭對烏克蘭移民的接受度算是高的。比起穆斯林移民，波蘭人覺得烏克蘭人更能適應波蘭社會，比較不會影響到自己的生活。

德國：與波蘭錯綜複雜的過去

聊完了關係比較良好的國家，接下來我們來看看德國吧！雖然兩國現在不是敵對狀態，但在歷史上兩國的過節真的很多。從中世紀的條頓騎士團和波蘭王國的戰爭開始，到近代的波蘭瓜分，以及二戰時德國侵略波蘭，屠殺波蘭人

（有很大一部分是波蘭猶太人）。縱使目前是波德兩國相對和睦的時期，整體來說，狀況還是比較複雜。

2018年時，曾經有份問卷調查指出，大約一半的波蘭人對德國有正面感受，但只有約三成的德國人對波蘭抱正面看法。有約一成的波蘭人明確表示自己不喜歡德國人，而德國則有超過兩成的人不喜歡波蘭人。由此可發現，相對來說，波蘭其實並沒有那麼記恨德國，反倒是德國比較不喜歡波蘭。

許多波蘭人聊到德國，可能還是會聯想到納粹、集中營等負面形象。但整體來說，依舊會承認德國是進步的國家，而德國則相對不理解波蘭。畢竟二戰後波蘭實施社會主義，直到1989年才轉型成民主國家，這段期間造成的隔閡和歧視或多或少還是存在。

德國和波蘭的社會也有不小的差別，德國政府較為開放，波蘭政府較為保守。德國接納中東難民，而波蘭政府則傾向接納其他地區的難民。在這幾十年內，波蘭陸續接收了不少來自東歐和前蘇聯國家的難民，包括車臣、烏克蘭、喬治亞、亞美尼亞等。

德國堅守歐盟立場，波蘭則屢次反對歐盟。德國覺得波蘭不合群，波蘭則覺得以德國為首的歐盟瞧不起波蘭。種種跡象，都顯示兩國的意識形態有多麼的不同。縱使如此，兩國並沒有把對方定位成敵人，民間的交流是沒問題的。

捷克：與波蘭貌合神離

捷克算是一個有趣的例子。從歷史的角度來看，從前波蘭和捷克的王室雖然曾經通婚，但也發生過戰爭。第一次世界大戰結束後，波蘭也與捷克發生過領土衝突。在二戰爆發前，雖然都面對德國的威脅，但兩國並沒有團結在一起，雙方反倒是小動作頻頻，互相煽動對方境內的少數民族。波蘭甚至還趁著捷克、斯洛伐克應付德國的併吞威脅時，占領了他們的領土扎奧爾傑。整體來說，兩國在歷史上的關係不算是特別好。

捷克文化和波蘭相近，都是斯拉夫國家，捷克語和波蘭語也很相像，甚至雙方可以達到某種程度的溝通。而在政治上，波蘭和捷克都抱持著不要被俄羅斯侵略的想法，算是有著共同的敵人。在反對歐盟的某些議題上，波蘭也和捷克站在同一陣線，持反對的立場。

綜觀以上種種，兩者應該是很要好的朋友，但偏偏波蘭和捷克卻有些貌合神離。很多人認為，捷克人可能是最不像斯拉夫人的斯拉夫人。許多波蘭人也覺得，捷克其實更像是中歐人，而不像是東歐人。（當然也有不少波蘭人覺得自己是中歐人，所以狀況真的很複雜……）

蜜拉家族也有著不少捷克朋友，所以要說兩國關係不好，真的也不至於。甚至你也一定可以找到，認為兩國關係很好的波蘭人。所以我們只好用「有點複雜」，來形容兩國的關係了。

華沙的著名地標文化科學宮，建於 1955 年，是史達林送給波蘭的禮物，2020 年以前是波蘭最高的建築。

俄羅斯：政治上水火不容、紛爭不斷

和波蘭關係最複雜的國家，非俄羅斯莫屬。雖然同為斯拉夫人，在歷史上兩國卻交戰過無數次，結下的梁子數都數不完。17世紀初，波蘭軍隊曾經攻陷莫斯科，活捉沙皇，達成拿破崙和希特勒都無法達成的戰果。而在波蘭最落魄的時候，如18世紀末被列強瓜分滅國、二次大戰蘇德共同入侵波蘭時，俄國都扮演加害者的角色。1940年，蘇聯人甚至在卡廷森林屠殺了超過2萬名波蘭菁英，包含高階軍官、知識分子、公務員。

二戰結束後，波蘭進入了社會主義時期。雖然和蘇聯是分開的國家，但在政治和經濟上，仍深深受

路上觀察　較醜的房子都是社會主義時期蓋的

來到波蘭，你可以看到各種不同的建築風格。許多波蘭人都認為，最醜的建築莫過於社會主義時期蓋的房子。造型單調，帶給人濃濃的憂鬱感。因為當時設計的建築，不重視外觀，只重視實用性。相較於 20 世紀初以前蓋的房子，真的是比較不具美感。

蘇聯支配。檯面下許多人都相當不滿，但礙於大環境的現實，只能默默忍耐。1989 年之後，波蘭轉型成民主國家，從此之後，俄羅斯再度成為波蘭最大的潛在敵人。

2010 年 4 月，波蘭總統卡欽斯基（也是先前聲援喬治亞的那位總統）和眾多軍事將領，搭乘飛機準備前往俄羅斯斯摩棱斯克，參加紀念卡廷屠殺 70 周年的活動，但飛機最後卻失事墜毀，機上 96 人全數罹難。雖然經過調查研究，失事原因被判定為駕駛操作失誤，但因為俄羅斯和波蘭有著特殊的恩怨情仇，有些人還是認為這是俄羅斯策畫的。

在政治上，波蘭不論是朝野都把俄羅斯政府視為威脅，這應該是沒有爭議的。但波蘭人和俄羅斯人在民間的交流上，卻是相當頻繁的。蜜拉的家族也有一些人去俄羅斯工作，甚至和俄羅斯人結婚。在波蘭的熱門景點常常可以遇到俄羅斯的觀光客，兩國間的航班也非常多。

就我自己的觀察，波蘭民間和俄羅斯民間並不存在著敵意，兩國的人民依舊可以當好朋友。當然一定也能找到對俄羅斯人抱持負面看法的波蘭人，但比起政治軍事上的水火不容，那比例和程度真的是不足為提了。

阿拉伯與羅姆人（吉普賽人）：波蘭社會排斥性較強

根據調查，阿拉伯人與羅姆人算是波蘭人比較不喜歡的族群。以阿拉伯人來說，除了宗教上的互斥性，中東戰亂後的廣大難民潮，也加深了波蘭人對中東面孔的恐懼。

對波蘭、捷克、斯洛伐克等斯拉夫人為主體的國家來說，不可否認地，當地人對羅姆人有著些許歧視的想法。在波蘭的路上偶爾可以看到演奏手風琴的羅姆孩子、想要乞討或是幫你算命的羅姆女人，這些也都加深了大家對羅姆人的負面印象。有些人覺得羅姆人坐領政府補助，卻不認真工作，是社會的負擔（特別是在斯洛伐克）。而有些人則覺得很多羅姆人是小偷，造成治安問題。

但也有許多波蘭人，呼籲大家放下成見，理解阿拉伯人與羅姆人的文化，波蘭甚至還定期舉辦羅姆文化節。很多人相信唯有促進雙方的溝通和交流，波蘭社會才會和諧。這部分的議題比較複雜，要在短時間內消彌彼此的歧見也不是簡單的事，但願大家都能找到彼此間的和諧相處之道。

文化觀察

斯拉夫蹲

斯拉夫民族縱使分屬不同國家，但彼此之間卻有著特殊的認同感。有許多文化習俗，只要是斯拉夫人都能夠理解。

「斯拉夫蹲」即是一個例子。所謂的斯拉夫蹲，就是穿著愛迪達的運動服、運動褲、球鞋，蹲在地上，腳跟著地。腳跟著地非常重要，如果腳跟翹了起來，就會被斯拉夫人調侃是西方間諜。

據說許多斯拉夫國家實行社會主義的時代，路邊真的有很多人無所事事地蹲著，這也就是斯拉夫蹲的由來。

臉書上有個關於斯拉夫蹲的粉絲專頁「Squatting Slavs In Tracksuits」，以及社團「The Squatting Union」，大家分享各種斯拉夫蹲的照片，以及只有斯拉夫人才懂的迷因梗圖。追蹤人數非常多，大多是世界各地的斯拉夫人。有些人會自嘲性地在上面分享自己斯拉夫蹲的照片，甚至在旁邊放伏特加、香菸、球棒、假的 AK47。想理解斯拉夫人自嘲的幽默，推薦可以追蹤加入。

1

2

1 波蘭 YouTuber(by Kaja 凱婭) 示範身穿愛迪達運動褲以及斯拉夫蹲

2 蜜拉妹妹示範斯拉夫蹲，這是斯拉夫人自嘲的幽默

反難民？反移民？

16世紀時，波蘭簽署了宗教自由的法案，成為了當時少見廣納各種宗教的國家。許多在西歐被歧視的猶太人，因而移民到波蘭生活。許多波蘭的大城市，都出現了猶太人群聚的區域。

在第二次世界大戰爆發前，華沙甚至有三成的人口都是猶太人。與現今波蘭種族組成較為單一的狀況，有著天壤之別。

時間來到了現代，曾經如此開放的波蘭，似乎有了不同的樣貌。如果你有注意國際新聞，應該不時會看到，波蘭政府因為難民的問題，屢屢和歐盟起爭執。走右翼保守路線的法律正義黨，於2015年執政之後，推翻了過去政府承諾歐盟會接納難民的立場。他們拒絕接受歐盟規畫給波蘭的難民配額，表達出不歡迎中東難民的堅定想法。

而在法國、比利時、德國等西歐國家，屢屢爆發恐怖攻擊事件之後。許多反移民的波蘭團體，也把攻擊事件和難民畫上等號，以作為宣傳，在不同城市發起反移民的抗議遊行。即使這些事件未必和難民有關，但也激化了許多民眾對難民的恐懼。

2019年的波蘭議會大選和2020年的波蘭總統選舉，法律正義黨再度獲勝，可以想見的是波蘭政府對難民的態度不會有太大的改變。

聽到了這些資訊，可能很多人會覺得外國人生活在波蘭，一定非常恐怖，會被歧視、辱罵。說實話，真的發生過幾起案例，來自中東、西亞、北非的移民，無來由地被陌生人羞辱，只因為他們的膚色較深，長得和本地人明顯不同。

但想來波蘭旅遊的朋友，也無須過度擔心。畢竟每個國家都有好人和壞人，即使在世界上最開放的國家，也一定存在著種族歧視的人。根據我在波蘭生活的經驗，目前為止我還沒有遇到被歧視的狀況。不要說歧視了，甚至我覺得波蘭人也不會對我特別好奇。

越南裔移民融入波蘭社會中

跟幾個波蘭朋友聊過這個現象，他們告訴我，或許是因為波蘭有很多越南裔移民。看見東亞面孔，對很多人來說已經不是什麼新鮮事了。

我翻了一下數據，波蘭約有4~6萬名越南裔居民，而且很多都是第二代甚至第三代了。在過去社會主義時代，波蘭和越南的關係很好，常有交流，有許多越南人便在那時候移民到了波蘭。

有意思的是，大部分的波蘭人都不會排斥越南移民。他們給人的印象是工作認真，安分守己，行為低調。很少聽說越南裔的居民，在波蘭做什麼壞事。他們也願意融入波蘭社會，讓孩子說波蘭文，與波蘭小孩上一樣的學校。既然如此，為什麼會有人排斥他們呢？

來到華沙，你可以看見許多越南餐廳，越南菜成功征服了波蘭人的胃，對許多當地人來說，越南菜是美味又划算的好選擇。你也可以看到不少越南人開的美甲店，他們工作認真，默默地提供優質服務。裡面的顧客，也大部分都是波蘭人。或許這就是波蘭原生居民和越南裔居民，和諧相處的一種象徵吧！

種族、宗教、媒體力量等因素加深難民問題

那波蘭人為什麼不能像接受越南移民一樣，接受中東難民？雖然我不懂宗教，對世界上幾個主要宗教認識不深，但我猜想宗教可能是其中一個原因，畢竟波蘭有超過九成的人信奉天主教，和許多中東難民信仰的伊斯蘭教，價值觀差異大，所以心中的抗拒感也比較大。

我認識不少來過台灣的波蘭朋友，他們得知桃園機場和台北火車站都設有穆斯林用的祈禱室，總是讚嘆不已。一個穆斯林人口比例如此少的地方，

竟然會為了少數族群，特別設計這些空間，實在讓人印象深刻。畢竟這在波蘭不太可能發生。

但這裡又要提到一個例外了，波蘭其實接納了不少車臣難民，從90年代至今，總數已經超過9萬人，而他們大部分是穆斯林。為什麼車臣難民可以，近年的中東難民卻不行？是否是因為車臣和波蘭擁有共同的政治敵人俄羅斯，所以波蘭可以認同車臣呢？這個現象和前篇文章介紹的喬治亞和波蘭關係，好像也有著異曲同工之妙。畢竟有句話說，敵人的敵人就是朋友。當然這只是我們自己的觀點，我們不是國際政治專家，僅供大家參考囉！

我們猜想另外一個波蘭不願意接納中東難民的原因是，二戰後波蘭就處於種族文化很單一的環境。加上社會主義時代，大家要看到外國人的機會也比較少，缺少和不同種族的人交流的經驗。要他們接納移民，自然需要比較多時間。越南裔移民也是花了幾十年的時間，才慢慢融入波蘭社會，獲得大家的認同。如今要一次接納幾萬個難民，對波蘭社會來說可能太急也太快了。

而最後一個原因，也是最顯而易見的，那就是媒體和政客的宣傳影響。政治組織、媒體、社會團體常藉著難民議題連結到負面形象，獲取一些政治或經濟上的利益。難民問題也是選舉期間，很容易被有心人士操作的議題。假以時日，大眾對難民問題的恐懼也就加深了。

如果繼續探究可能的原因，其實可以找到更多。例如部分波蘭人認為，中東難民問題是美國和西歐主流國家造成的，為什麼需要波蘭一起承擔？也有一些人認為，反正歐盟勢力較大的那些國家也看不起波蘭，既然如此，波蘭也沒義務要遵照歐盟的決議。

波蘭人對難民仍存有溫情

然而，事情不會只有一種面向。當大家對波蘭政府的印象，還停留在反難民階段，波蘭社會也有著另一群人，對難民和移民是很友善的。有一位來自敘利亞的難民，在波蘭開了間小烤肉鋪為生。有一次，不知道是什麼原因，他的烤肉鋪在深夜被砸了，損失很慘重。這件事情傳開後，他的生意竟然變好了，有許多波蘭人都覺得他不應該受到這種對待，所以用行動支持他的生意。

每個國家都有好人與壞人，你一定找得到保守排外的人，但也一定找得到心胸開闊的人。如果因看到波蘭政府反難民的新聞，就不敢來波蘭玩，那就太可惜了。根據我自己的經驗，到波蘭生活了這麼多日子以來，我從來沒有遇過被歧視的經驗。我所遇到的波蘭人，大多都是親切有禮的。就放心地來吧！真的沒有新聞形容得那麼恐怖。

Dominika Skoczeń 示範斯拉夫蹲，必須搭配愛迪達的衣物鞋子。

文化觀察

斯拉夫與愛迪達的淵源

在 20 世紀 90 年代以前，許多斯拉夫國家實施社會主義。在物質缺乏的背景下，擁有國外的東西被視為很酷的事。愛迪達在當時是非常火紅的大品牌，也因為如此，很多斯拉夫人便會想辦法弄到愛迪達運動褲，穿上去炫耀。但因為當時外國商品很難得手，價格也比較貴，所以大部分人都是穿盜版的。即使不是正版，大家還是引以為榮。愛迪達就這樣融入了斯拉夫的文化中，這也是為什麼做斯拉夫蹲的時候，一定要穿愛迪達，才被視為正統的蹲法。

波蘭的迷信和習俗

雖然不是每個波蘭人都信這一套，但在波蘭生活時，還是可以發現一些波蘭特有的迷信或習俗。

聖誕節之後的某一天，蜜拉哥哥和大嫂忽然回老家，想和全家人聚個餐。大家開動之後，哥哥開了一瓶伏特加，幫我和蜜拉爸爸倒了一杯，也幫蜜拉媽媽倒了一杯紅酒。

哥哥把酒杯高舉起來，和大家敬酒。看到他沒有幫老婆倒酒，此刻我心裡已經有底了。果不其然，哥哥告訴大家，大嫂已經懷孕了。眾人一陣歡呼，蜜拉父母和哥哥也都流下了感動的眼淚。隔了這麼久，家庭即將有新的成員了，大家都非常感動，也非常期待。

波蘭孕婦的傳統禁忌與習俗

蜜拉哥哥告訴我們，這個消息目前只打算分享給親近的家人知道，請大

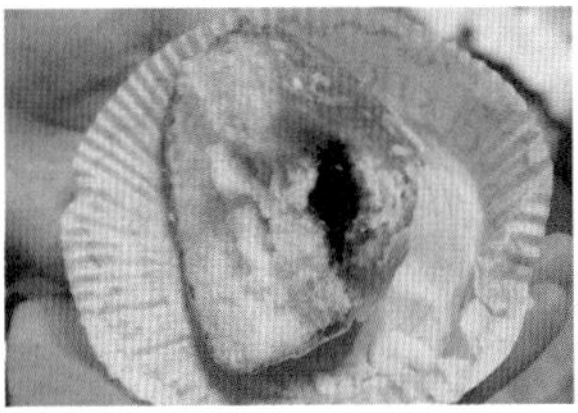

波蘭甜甜圈內的餡料。

路上觀察　波蘭甜甜圈

波蘭甜甜圈和美國甜甜圈不同，是有包內餡的，而且中間沒有挖空。波蘭人太愛自己的甜甜圈了，美式甜甜圈不太有市場。從前美式甜甜圈店 Dunkin' Donuts 曾經來波蘭發展，但無奈大家的接受度不高，最後只能黯然收攤關門。

家在滿3個月之前都不要說出去。聽到了這句話，我忽然有種似曾相似的感覺。咦？懷孕滿3個月之前不能說，這不是台灣的習俗嗎？沒想到波蘭也是如此？

蜜拉還告訴我，不只是3個月這件事，波蘭孕婦相關的禁忌還滿多的。像是懷孕之後，有些孕婦就深信不能剪頭髮，因為剪這個動作會讓人聯想到剪臍帶。如果剪了頭髮，他們擔心會導致孩子早產。也因此有些新手媽媽，生完孩子就會迫不及待去剪頭髮，因為已經忍耐太久了。

此外，也有人相信孕婦不能看火看太久，否則小孩的臉頰可能會太紅。在古代還不流行超音波檢查時，有的孕婦會拿著綁著戒指的繩子，根據戒指停下來後指著的方向，來判斷孩子是男是女。

大齋戒期前的週四甜甜圈日

除了懷孕相關的迷信習俗之外，最讓我覺得有趣的，是一個關於甜甜圈的節日。根據天主教的傳統，復活節前的大齋期，是不能大吃大喝的。所以大家都想趁大齋期來臨前，多補充一點熱量。於是在波蘭，大齋期前的最後一個星期四，就演變成一個非常有趣的節日，叫做「胖胖星期四」。這一天很多波蘭人都會吃甜甜圈，為接下來的節食期做準備。如果這天不吃甜甜圈，未來的一年可能就不會有好運。當然到了現代，波蘭人很少會真的在大齋期戒酒戒肉。但關於吃甜甜圈的傳統，倒是完整保存，確實執行了下來。

不只是甜甜圈，許多波蘭的迷信習俗，都圍繞著好運和厄運在跑。例如如果從扶梯下方穿越過去，這個人就會遭遇厄運。這也是為什麼蜜拉和我出門時，如果看到有人站在梯子上裝修房子、粉刷牆壁，她一定會帶我繞遠路，盡量避免接近那邊。

如果出門之後，發現忘記帶某樣東西，趕回家拿。也最好在進門之後，坐在椅子上，從一數到十再重新出門。因為波蘭人相信，在驚慌匆忙的時候，就是魔鬼最開心的時候。魔鬼可以趁這個時候攻擊你、算計你，趁虛而入。其實想一想也很有道理，畢竟慌亂的狀況下，很容易會不小心發生意外，先坐下來冷靜一下也是很好的選擇。

另外門檻對波蘭人來說，是特別敏感的地方。如果要和訪客擁抱打招呼，或是告別，都千萬要避開門檻。如果不小心在門檻和人擁抱，一般人相信會招致厄運。

女性找對象的迷信習俗

除了運氣之外，波蘭有些迷信習俗，也和女性的婚姻有關。泰國有潑水節，波蘭也有類似的節日。波蘭復活節之後的星期一，就是波蘭版本的潑水節 (śmigus-dyngus 或稱爲 lany poniedziałek)。但和泰國那樣無差別四處潑水不同的是，波蘭潑水節針對的對象，是年輕的未婚女生。許多人相信，未婚女性如果在這一天被潑水，將來就能找到好的婚姻對象。在某些小鎮，甚至還可以看到消防車出動，四處噴水的場景喔！

如果想要找到好的對象結婚，也千萬不要忘了，吃飯的時候要避免坐在桌角。即使蜜拉已經和我結婚了，但這個習慣依舊延續到現在，聚餐時總會注意一下自己坐的位置。但這個迷信只針對女生，男生坐桌角似乎不會發生什麼事。所以每當餐桌太擠，我總是會自告奮勇坐在桌角，省去在場其他波蘭女生的困擾。

縱使已經二十一世紀了，這些大大小小的迷信，依舊深植在波蘭人的生活中。雖然沒什麼科學根據，但是當作特殊的文化體驗，也是滿有意思的。

Chapter 02

波蘭社會文化

Society and culture

來自不同文化、在不同環境生活的人，會擁有不同的日常習慣。遠在歐洲的波蘭當然也不例外，這裡的人也有著自己特有的生活方式。波蘭人如何生活？如何工作？在婚喪喜慶上有什麼特別的習俗？位於高緯度的波蘭，冬天是否冷得讓人難以忍受？就讓我們來一探究竟吧！

波蘭的寒冬怎麼過

還沒來過波蘭前，覺得波蘭的緯度那麼高，一年四季應該都很冷。特別是冬天，應該每天都是零下20～30度吧？陸續來過波蘭幾次，實際在這邊生活之後，才發現完全不是那回事。

第一次來波蘭時是夏季，氣溫非常溫暖舒適，白天大概20幾度。我才知道波蘭不是一直都那麼冷，也是有一段時間，大家可以穿短袖短褲出門。

但波蘭的夏天和台灣還是有一點不同，那就是日夜的溫差。即使白天很溫暖，晚上有可能會有涼意，溫差超過15度是常見的事。如果晚上下雨，那降溫的效果就更明顯了，出門甚至要穿外套。

第二次來波蘭則是12月底的跨年。出發前我特別查了一下天氣預報，發現那段期間的氣溫大概是0～-5度。咦？最冷才零下5度嗎？說好的零下20～30度呢？跟蜜拉求證後才知道，零下20～30度是比較極端的時候才會發生，冬季大多是零下幾度的程度。

縱使如此，我還是有種興奮感，這將會是我第一次體驗零下溫度的感覺。

看看影片

看看在零下 24 度的波蘭生活是什麼感覺

波蘭冬天下大雪之後，放眼望去盡是白茫茫的一片，非常有氣氛。

比冰箱還冷，那是什麼世界啊？從小到大，常聽別人說在這種溫度下，耳朵會掉下來，鼻子會凍傷，在戶外上廁所會結成冰柱。這些狀況都是真的嗎？（後者我大概沒辦法實驗證實就是了。）

台灣的冬天其實比波蘭冷

蜜拉擔心從小在台灣生活的我，會不習慣波蘭的冬天，特地帶了一件大外套來接機。那種外套長及膝蓋，內裡十分扎實，是台灣一般外套少見的厚度。不只如此，蜜拉連毛帽、圍巾、手套都幫我準備好了。出機場前，我換上整套防寒衣物，身材馬上脹大了一倍。

說真的，有了這些保暖衣物，走在零下幾度的戶外，也不會覺得難受。這樣的全副武裝，面對這種天氣綽綽有餘，波蘭的冬天也沒那麼恐怖。（至少零下幾度是如此。）

很巧的是，我抵達華沙前剛好降下了一場大雪，放眼望去盡是白茫茫一片。這是我第一次親眼看到雪，原來整個城市、整片森林都壟罩在白雪下，是這麼耀眼啊！

來到蜜拉家，一進室內，馬上感受到溫暖的氣息。只要穿一件普通的長袖T恤，就非常舒適了。在台灣寒流來的時候，在室內大家肯定包得像肉粽。但在波蘭的冬天，大家在室內反倒穿得很輕便。

以蜜拉家為例，這個溫暖的祕訣，就藏在地板下面。地板下面鋪設了許多熱水管，讓整間房子可以保溫。至於加熱的方式，是使用瓦斯。他們通常不會把室內溫度調到太熱，適中即可，達到節能減碳的效果。

如果是在城市，許多公寓沒有這種地熱器，室內保暖靠的是外掛式的熱水管。下次看歐洲電影，可以特別注意一下窗戶下面，通常可以找到類似的東西。

也因為波蘭冬天室內很溫暖，所以蜜拉不只一次告訴我，她覺得台灣的冬天更冷，因為台灣的室內普遍沒有這類的保暖系統。

在這麼冷的天氣，要怎麼晾衣服呢？把濕的衣服拿到戶外，應該會變成衣服冰棒吧？波蘭冬天其實都在室內晾衣服，一般來說波蘭室內空間比較大，不愁沒有地方掛衣物。而且氣候比台灣乾燥，在室內晾衣服也不會讓人

文化觀察

最受歡迎的冬季運動：跳台滑雪

波蘭是跳台滑雪的大國，出了許多知名的選手。在冬季的時候，波蘭人也很喜歡在家裡收看跳台滑雪的國際比賽，為波蘭選手加油。

有不舒適的感覺。

如果嫌衣服乾得太慢，也不用擔心。波蘭的浴廁通常會配置上述的外掛式熱水管，除了可以幫助提升室內溫度，很多人也會用來晾衣服。把濕衣服掛上去，可以加速晾乾。

戶外大冰箱，全新體驗

在室內溫暖，室外寒冷的環境下，戶外就是最好的天然冰箱。如果想要冰啤酒，只要把啤酒放在窗外一段時間，就可以享用了。

但需要注意的是，當冰雪開始融化時，地板會很濕滑，需要穿防滑的靴子。不只是人會滑倒，車子也有可能打滑。也因此波蘭的車子，在冬季時會使用抓地力更好的輪胎。有時候政府還會出動灑鹽車，在路上撒沙子和鹽巴。沙子可以增加馬路的摩擦力，而鹽巴可以加快路面上的冰融化的速度。

來波蘭生活一年之後，總算盼到零下20度的日子。我們特別做了一個實驗，拿著一杯熱水，在戶外朝天空潑灑。只見水花在空中瞬間結冰，冰霧緩緩地飄散，畫面非常壯觀。

對我來說，這些冬季相關的事物都很新鮮，但對波蘭人來說，早就見怪不怪了。每個文化在面對不同的環境，都會發展出一套應對方式。不妨跳脫自己的經驗，體驗這些不同，才驚覺世界之大，自己之小。

波蘭人不倚賴醫院診所

聖誕節之前，波蘭電視總是充滿了香水和手機的廣告，因為這兩樣東西是波蘭聖誕禮物的熱門選擇。聖誕節過後，電視廣告就有很大的不同了，取而代之的是藥品廣告，特別是腸胃藥廣告。蜜拉告訴我，這大概是因為聖誕節大家都大吃大喝，所以很多人都有消化的問題。

「這樣，過節後醫院會特別多人吧？」我隨口問了蜜拉，但她搖了搖頭，告訴我波蘭人不會因為這種小問題就去看醫生。除非病症非常嚴重，否則大家會選擇在家休養。蜜拉最後一次去診所看感冒，已經是7歲的事情了。雖然我自己也很少去診所看感冒，但也沒有到20年去一次這麼誇張。

小病讓身體自癒，不常跑醫院

很多波蘭人都覺得，感冒不是什麼嚴重的問題，身體會自然痊癒，根本沒有必要看醫生。不只是感冒如此，許多身體上的小問題，波蘭人第一個想

看看影片

跟著我們去波蘭醫院做檢查

比起去醫院，許多波蘭人會優先選擇買藥服用，畢竟看醫生不太方便。

法也不會是跑醫院診所。

「我有一個台灣朋友，有一次半夜想吐，竟然就跑去急診。這種事情萬一發生在波蘭，一定會被護理人員抱怨的。」蜜拉說。

就我自己的觀察，波蘭人不想因為小問題去看醫生，其中有個原因是，波蘭醫院和診所的密度並沒有台灣那麼高。想要去診所，有可能需要開車開一段時間。如果要去醫院，那恐怕就一定要去大城市了。在台灣，即使是小鎮，要找到診所應該都不是難事。在某些地方甚至可以看到，一條街上診所林立的景象。診所開得如此密集，如同便利商店，這也算是世界奇觀了。在這樣環境下，看醫生如此方便，也不難想像為什麼台灣人比波蘭人愛跑診所了。

除了醫院診所的數量之外，看醫生需要等待的時間，波蘭和台灣也有著天壤之別。在台灣，除非是超熱門醫生，當天可能無法掛號，否則大部分都可以即到即看。而在波蘭，如果你要使用健保免費看病，那就要有等到天荒地老的準備了。

預約看病要等幾個月後

蜜拉媽媽在醫院骨科上班，她告訴我們，現在預約骨科，可能必須等待個半年。也就是說，看骨科必須從冬天等到夏天，夏天等到冬天，說不定等到可以看醫生時，也老早忘了自己有什麼問題了吧？

漫長的等待時間，也會衍生一些問題。舉例來說，蜜拉爸爸有個朋友，他做完核磁共振的檢查，接下來要跟醫生約時間討論檢查結果。那個檢查報告只在3個月內有效，但他必須等9個月才能看到醫生。也就是說等順利看到了醫生，那份報告早就過期了，這……應該是在整人吧？

相較之下，蜜拉從前曾經在台灣做過心臟檢查，當天去當天就檢查好了，不需要醫生先會診再重新預約檢查時間，一條龍直接跑完所有流程，她直呼這簡直是奇蹟。

而有些不是那麼緊急的問題，也沒辦法直接看專科醫生，必須要先看家庭醫生，再由家庭醫生安排轉診至專科醫生。這個設計的原意是避免醫療資源浪費，但無形中也增加了就醫的時間，降低了大家看醫生的意願。是的，不只看專科醫生需要排隊，看家庭醫生也需要排隊。以蜜拉居住的區域來說，必須等一個月才能看到。

除了看醫生需要等很久之外，醫護人員的態度也有巨大差異。就我們的經驗來說，台灣的醫生和護理師都比較溫柔，而波蘭的則比較直來直往。

文化觀察

有些波蘭長輩認為喝伏特加可治病

有些波蘭長輩認為，得了小感冒只要喝點伏特加就能痊癒了，他們甚至覺得伏特加有強身的效果（尤其是胡椒伏特加）。這樣的想法也普遍存在於一些斯拉夫民族為主的國家。新冠肺炎疫情爆發之後，白俄羅斯總統甚至公開說只要多喝伏特加，就不會有事。

波蘭與台灣的醫護態度大不同

從前蜜拉在台灣做超音波檢查，護理師怕蜜拉會害羞，很貼心地先幫蜜拉蓋毛毯，還會注意現場是不是有其他女生在場。而在波蘭，醫生通常直接下命令，叫你脫衣服就脫衣服，完全不會在乎你是否舒適。

了解了波蘭的就醫環境，也大概可以理解，為什麼波蘭人能不看醫生，就盡量不看醫生。電視廣告上推銷的各式藥品，或許也是在這樣的背景下應運而生。如果看醫生這麼麻煩，乾脆自己買藥來吃吧！雖然可能有延誤就醫的風險，但至少可以快速舒緩症狀。

但有種例外的狀況，是大家會努力去看醫生的，那就是想請病假的時候。波蘭的醫生有權利決定你可以請多久的病假，公司必須遵照他的判斷准假。如果有人和醫生有交情，可能也會拜託醫生給他請假證明。也曾聽說過，有人為了可以請比較久的病假，所以刻意讓症狀看起來更嚴重……大概就像有些人為了躲兵役而增重，在體檢前特別暴飲暴食的那種心態吧！

總而言之，台灣的醫療環境，真的是非常好，絕對算是世界少見的，大家應該要好好珍惜。

一定要體驗波蘭瘋狂婚禮

我們曾經在波蘭辦過簡易的婚禮，省略掉所有儀式，直接宴請大家，也因此我們不太熟悉波蘭傳統婚禮的流程。後來參加了蜜拉哥哥的婚禮，完整體驗了一遭，才深刻體會到波蘭和台灣婚禮真的有很大差異。

波蘭的婚禮，傳統上會辦在新娘的家鄉。即使新娘的老家比較偏遠、交通不方便，所有的親朋好友還是會長途跋涉趕過去（別忘了，波蘭的面積是台灣的8.6倍大）。

邀請親友參加婚禮，波蘭新人也會準備精美的邀請卡，甚至有人覺得應該要親自送卡片給受邀者，才是更有禮貌的做法。波蘭人舉辦婚禮，只會邀請關係比較密切，真正熟識的親友。因此婚禮人數不會太多，50人以下的小型婚禮算是非常常見的，和台灣動輒幾百人的婚禮相比，有著很大的差異。

看看影片

我們參加哥哥的波蘭婚禮

我們的波蘭婚禮。

波蘭婚禮儀式

在正式的婚禮儀式開始之前，有些受邀來賓會先到新娘家，和其他賓客聊天互動。但一直到這個時候，大家都是看不到新娘的，反倒是新郎會四處和大家寒暄。附帶一提，在婚禮之前，新娘不會讓新郎知道自己會穿什麼婚紗，這是非常重要的機密，也算是波蘭婚禮有趣的特色。

等到時間差不多時，新郎和新娘會坐上禮車前往教堂。在教堂裡，神父會帶領新人完成一連串的相關儀式，大家則是坐在下面觀禮，全程大約是1小時。即使不信奉天主教，都會被現場的氣氛所感動。經典的婚禮樂聲響起後，新人會在大家的掌聲下，準備步出教堂。如果當天是晴天，此刻打開教堂大門時，陽光會灑進來。新人背光朝著大門走過去，就像是一起邁向光明的未來一樣。配合著慶祝的拉炮聲響，這個場景也更能增添婚禮的氛圍。

參加波蘭婚禮的賓客，通常也會準備禮物送給新人。蜜拉哥哥和大嫂，選擇在教堂外面與大家合照，並接受大家的禮物。其實事前哥哥他們已經有告知賓客建議的禮物清單，所以不太會發生送錯禮物的狀況。

近年來，也出現了直接給紅包的風氣。許多人覺得與其買禮物，不如直接給現金，讓新人可以自由運用。不論他們想拿禮金去蜜月旅行，或是拿來補貼婚禮的花費都可以，禮金也漸漸被視為是更實際的祝福和支持。也因此，哥哥他們也請花童在一旁捧著禮金箱。把裝有鈔票的信封投進去，花童會送你一顆糖果。和台灣不同的是，波蘭人不會當面拿出紅包內的鈔票點算清楚，在信封上也不會標明是誰送的，波蘭人覺得這樣是比較有禮貌的做法。如此一來，大家也不用擔心自己包太少會怪怪的。

因為教堂和神父的時段有限制，在結婚的旺季，甚至要提早預約。我們也曾經聽過有新人因為搶不到教堂時段，最後將婚禮延期的例子。如果沒有宗教信仰，也可以選擇不去教堂，但波蘭大部分新人還是會去就是了。撇開宗教的議題不談，在教堂舉辦這些儀式，真的是很有氣氛。除了新人之外，許多參與的人都會感動落淚。

可能有人會問，如果不是信徒，也可以在教堂辦婚禮嗎？只能說難度越來越高了，近來有越來越多的教堂規定，新人必須曾經受洗過，並且與神父面談過，甚至還要先上婚姻相關的課程，才有資格舉辦教堂婚禮。新人都不

波蘭婚禮會玩許多互動遊戲。

是天主教徒，卻在教堂結婚的情形，不太可能發生在波蘭。

離開教堂之後，接下來大夥就移師到婚宴會所。新人會走紅地毯入場，他們的父母會捧著麵包站在門口，讓新人撕下一小塊吃掉，這個儀式是祝福新人往後都可以衣食無缺。因為麵包是波蘭最基本的食物，有重要的象徵意義（麵包在波蘭人心中占有一席之地，也因此許多波蘭人絕對不會丟掉麵包）。

新郎會抱著新娘入場，接受大家的歡呼。在派對正式開始前，新人會一起喝香檳，再把杯子摔破，這也是幸福的象徵。

兩天一夜的婚禮派對就此展開

婚禮派對就這樣開始了，店家會一直上菜，讓每個人都可以吃得飽。料理會以波蘭家常菜為主，大家平常在家吃什麼，婚禮就可能吃什麼。而不像台灣婚禮，在餐桌上看到許多稀有罕見的菜色。

除了食物之外，酒也是重點。婚宴開始前，要如何事先估計需要多少酒呢？哥哥的估算方式是每人一瓶750毫升的伏特加，如果婚宴會來50人，就準備50瓶。由此可以推斷，波蘭人在婚禮上會喝得多麼盡興了。大夥會一直敬酒，敬新人，也敬在場的其他親友。如果是男生，除了身體不適者，絕對會喝下許多伏特加。

除了吃飯喝酒外，波蘭婚禮也鮮少有人一直坐在位置上，大家會起來唱歌跳舞。新人會先跳開場舞，其他人這時只能欣賞，不能跟著跳，這是專屬兩人的時間。許多新人會在婚禮前特別去上舞蹈課，就是為了呈現最完美的演出。

開場舞結束之後，其他人就會跟著站上舞池開始跳了。婚禮現場也會有專門的DJ或樂團，根據現場氣氛的變化調整曲目。波蘭不論是大人或小孩，都非常愛跳舞，大家可以一首接一首地跳下去，即使是行動不便的老人，甚至是孕婦，依舊能隨著音樂擺動身軀，享受歡樂的氣氛。

除此之外，婚禮中也會有一些小遊戲，讓在場的賓客一起參與。除了丟捧花這樣的基本款之外，某些婚禮甚至還有整新郎的遊戲。新郎必須要通過考驗，眾人才會放過他，有點像是台灣迎娶新娘時要過的關卡。有些遊戲甚至會讓人尷尬，例如把新郎的眼睛矇起來，新郎必須摸幾位女生的腳，分辨哪一個才是新娘。

有些遊戲則是互動性的，例如大家會圍住新人，大喊好苦好苦（Gorzko,

蜜拉哥哥牽著新娘的手一起步出教堂。

gorzko!)。新人這時就必須接吻，直到大家喊完才能停下來。賓客也會不時在新人旁邊，唱波蘭傳統歌曲，邊唱邊跳，炒熱現場的氣氛。

波蘭婚禮和台灣最大的差別，就是長度。波蘭婚禮通常會辦個兩天一夜，聽說也有人辦得更久，大家一起狂歡個幾天幾夜。總而言之，吃個飯就走人的婚禮，波蘭人是絕對不能接受的。

婚禮的時間很長、活動很多，加上大家都喜歡唱唱跳跳，所以每個人都不會閒下來。有些波蘭新人為了體恤參與婚禮的嘉賓，會為大家準備休息的房間，即使有人真的體力不支，還是可以睡一下。雖然如此，但也真的有不少人，會一路玩到天亮喔！

以上是我們參與波蘭婚禮的經驗，和大家分享。但也要記得，不同的地區，甚至不同的家族，辦的婚禮可能多多少少都有些許差異。可以肯定的是，如果有一天收到波蘭婚禮的邀請函，請務必排除萬難來參加，這絕對是你不容錯過的瘋狂體驗。

路上觀察　專屬女性的波蘭婦女節

3 月 8 日婦女節對波蘭人來說，是相當重要的日子，許多人會選擇在這一天送花給女性。也因此當看到路上充滿賣花的小販，大家人手一花，就可以推論婦女節就快來了。這無關愛情，也不分年齡，是專屬於每個女性的節日。在蜜拉念小學時，班上的男同學會在這一天，送給所有女同學花朵，向她們致意。

男女審美觀與穿著打扮

波蘭有個電視台，每天早上有一小段節目，主持人會邀請特別來賓聊一些話題。某天早上，他們討論起某單位舉辦的「世界最帥的男人」票選，該年度的第一名，是一位長相清秀的韓國歌手。

他們看著這位歌手的照片，直呼不敢相信。主持人甚至說，他覺得這個歌手長得很女性化，怎麼會是世界上最帥的男人呢？

節目播出之後，有一位在韓國生活的波蘭 YouTuber，拍了一部影片批評這個節目。她在影片中說，節目中倡導的審美觀不但很狹隘，而且是非常失禮的。

這個話題在社群平台的推波助瀾下，延燒了好一段時間。而這次的風波，背後也反應了一件事情，對許多傳統的波蘭人來說，他們覺得男生應該要比較粗獷，比較「男性化」，才符合他們的審美觀。

不少波蘭女生都特別會穿搭，有自己獨特的美感 (照片提供：波蘭 Anna)。

波蘭人認為男性要粗曠、有男子氣概

花美男，或是打扮穿著中性的男性，對於傳統的波蘭社會而言，接受度恐怕沒有那麼高。男性化妝、保養、修眉毛，這些行為對他們來說，都是難以想像的事情。許多人覺得，男生就應該有男生的樣子，大口吃肉、大口喝酒，應該要喜歡運動、喜歡競爭，這樣才有男子氣概。而且如果是真正的男人，也應該要喜歡女生。

基於這樣傳統的觀念，有些波蘭人，特別是住在小鎮的人，他們對男同志的接受度也是比較低的。雖然波蘭每年也像台灣一樣，會在一些城市舉辦同志遊行，但場面絕對不若台灣盛大。也會有保守派人士到場，和參與遊行的人發生一些衝突。

聊完了波蘭男性，接下來我們來看

可能有些波蘭人外出約會會盛裝打扮。

看女性吧。在波蘭生活了一段時間，真的可以明顯感受到，波蘭女性普遍來說都很用心打理自己的外在，不論是穿著、髮型、妝容都非常講究。搭公車時，我曾仔細地觀察，發現舉目望去，所有的女生都有著閃亮亮的鮮豔指甲。其重視細節程度，真是讓我印象深刻。

波蘭女生人人愛美，重視打扮

這樣愛美，喜好打扮的風氣，是不分年紀的。在波蘭街頭，也不難看見打扮優雅的老太太。波蘭女生相信即使年紀較長，依舊可以好好照顧自己，活出美麗風采。

這樣重視打扮的文化，有時候也讓我哭笑不得。有一次家裡停電，蜜拉和媽媽第一件想到的事，竟然不是沒有燈光，也不是沒有網路，而是沒有熱水可以洗頭髮。不洗頭，頭髮就會亂亂的，她們不能忍受。也有幾次，因為蜜拉想穿的那件洋裝還沒有乾，我們取消了出門計畫。

相較於台灣的多元風格，波蘭女生的打扮以成熟風為主，可愛風完全不流行。像是 Hello Kitty 之類的卡通人物，不太可能出現在成人女性的衣服配件上。不管是明星還是模特兒，成熟性感型的比較有發展機會。

但特別的是，波蘭對女生的審美觀比較多元。相較於台灣大多數的人，認為皮膚白、眼睛大、鼻子高挺才是美女。波蘭人覺得美麗沒有標準的形式，不同的膚色，不同的眼睛鼻子，照樣可以透過適合的裝扮，呈現出獨有的美麗風采。

注重外在打扮的文化，似乎流在每一位波蘭女生的血液裡，形成了一種社會風氣。沒有打扮就出門，對許多波蘭女生來說是不能接受的事。她們很享受這種照顧自己，營造美感生活的感覺。

然而在特別的場合，例如聽音樂會，或是過重要節日，不論男女，基本上都會穿得比較正式。不但尊重彼此，也讓過節或約會更有氣氛，這是波蘭人喜歡做的事情。

整體來說，波蘭女性喜歡打扮，熱衷打扮。而男性比較不會在外表上照顧自己，但是在正式或特殊場合時，也是願意穿著體面的。普遍來說，波蘭人還是不能接受男人做中性化的打扮，因此男性的選擇範圍相對較為狹隘。

但隨著時代演進，許多新生代的波蘭人，也不會全盤接受這些傳統的想法。才會有YouTuber出面反擊宣揚性別刻板印象的節目內容。相較於過去，社會的確有在轉型，但至於最後能演變到什麼程度，就不得而知了。

文化觀察

約會該由誰來買單？

雖然這聽起來有點傳統，但許多波蘭人出去約會，最後都是由男方付錢，即使他們還沒有開始正式交往。如果男方試圖和女方平分帳單，有可能會帶給女方負面觀感。這個由男方買單的習慣，在許多斯拉夫國家都是如此，例如俄羅斯。

在波蘭的生活開支

在波蘭生活久了，深深覺得只要物質欲望不高，真的可以用極低的預算過生活。即使在物價相對高的華沙來說，對比台北，生活費依舊是相當平易近人。以下我們以 2021 年的物價狀況進行討論。

生活費之中占比最高的，應該就是房租了。如果想在華沙租 10 坪左右套房，有自己專用的浴廁，還有一個小廚房，位於市中心稍微遠一點的地方，每個月的租金大概是 1,500 元波幣起跳（約 11,000 元台幣）。如果在非常市中心的地段，租金甚至可以來到 2,000 元波幣以上（約 14,568 元台幣）。

如果選擇租雅房，和別人共用浴廁，價格會比較便宜。根據居住區域和屋況，租金會有不小的差異，大概落在 5,000～10,000 元台幣之間。

波蘭房價比台灣相對便宜許多

如果只討論房租，可能還感受不到華沙和台北的巨大差異。但如果討論

如果都在家裡自己做菜，伙食費會比台灣便宜不少。

房價，那就可以看出端倪了。在華沙很好的地區，每平方公尺的房價平均在15,000元波幣左右（約12萬元台幣），也就是說每坪大約是40萬元台幣。乍看之下好像也不便宜，但要記得，這是華沙非常好的區段，如果對比台北的黃金地段房子，真的是小巫見大巫。

如果不在最好的地段，平均來說華沙新屋一坪大概是26萬元台幣，在台北即使是中古屋，應該都找不到這種價位。許多波蘭人都覺得買房比租房划算太多，把買房當儲蓄的波蘭人，也是大有人在。也聽說有些波蘭外籍留學生的家長，覺得租屋不划算，乾脆幫孩子買間房子。

日常生活花費

聊完了居住成本，接下來我們來看看另一個主要花費，也就是伙食費用。波蘭人習慣在家吃飯，去餐廳用餐的機會比較少。加上許多食材也比台灣便宜（如15公斤的馬鈴薯100元台幣、一塊小麵包3元台幣、一公升的牛奶22元台幣），一個人每月700元波幣（約5,500元台幣），應該就足夠吃飽喝足了，一天平均不到200元台幣。

對於喜歡上館子的人來說，伙食費就會高一些了。牛奶吧餐廳是相對划算的選擇（什麼是牛奶吧？請見P.108），以最省錢的點法，要吃飽大約需要100元台幣。如果點套餐，加上沙拉和飲料，價格可能會超過150元台幣。如果選擇其他的餐廳，最平價的那種，餐點價格往往也需要150元台幣起跳。如果想要追求氣氛，去高級一點的餐廳吃飯，價格可能會和台北的高級餐廳差不多。

交通費也是另一個需要好好計算的項目，最划算的方式是購買可以搭乘火車、公車、電車、捷運的月票，在首都華沙只需要110元波幣（約860元台幣）。如果買90天的季票，只需要280元波幣（約2,200元台幣）。但如果是購買單次票，那票價就不便宜了，以20分鐘的票來說，一張票就接近25元台幣。

手機網路費用也不算太貴，在自備空機的情況下，和電信公司簽兩年合約，網路4G吃到飽的專案，大概只需要每個月30元波幣（約240元台幣）。另外像是一些日常用品，例如衛生紙、沐浴乳、洗髮精、牙膏、保養品、日常用藥等等，也都不貴，我們每個月花費大約不超過1,000元台幣。

如果想要為生活增添一點樂趣，當然就會有些娛樂開銷。以健身房來說，每個月大概100元波幣（約780元台幣）就可以找到不錯的地方。電影的票價和台灣差不多，根據平日假日以及影廳的豪華程度而有所差異，大概落在250～400元台幣之間。如果想剪頭髮，便宜一點可以找到30元波幣的（約240元台幣）。

當然除了上述討論的，還有許多零零總總的小支出。大致估算一下，想要在華沙生活，比較節儉的生活方式，預算可以控制在每月15,000元台幣以內。當然如果想要過更節省的生活，也一定有機會，但就要考量一下能不能承受那樣的生活品質了。至於如果想過奢華的生活，預算當然就沒上限了，想花再多的錢都是有可能的囉！

這邊討論的是波蘭首都華沙的生活費用，如果到了其他城市或郊區，生活費肯定會更低。像我們自己就是住在郊區，比起在台北生活，真的能夠省下不少錢呢！

文化觀察

波蘭不使用歐元

雖然波蘭是歐盟的成員國，但波蘭不使用歐元，而是用自己的貨幣茲羅提 (złoty)。波蘭民眾始終對於加入歐元區興趣缺缺，波蘭政府覺得使用歐元對波蘭經濟沒有太多好處，甚至有可能會被某些經濟衰退的歐盟國家拖累 (如希臘)，此舉也造成其他部分歐盟國的負面觀感。

波蘭的薪資與社會福利

探討完波蘭的生活費，會不會覺得波蘭是個適合存錢的好地方呢？先來看看波蘭的薪資待遇，再下定論吧！

以歐盟國家來說，波蘭的經濟發展比較晚開始，成長潛力很大。轉型成民主國家之後，經濟持續成長，就連大環境最差的2009年金融海嘯時，經濟依舊沒有衰退。隨著經濟的發展，波蘭人的薪資也不斷成長。但比起其他西歐國家，依舊是較低的。以2021年為例，每月基本薪資約為2,800元波幣（約21,000元台幣），最低時薪則為18.3元波幣（約140元台幣）。

粗略比較，會發現波蘭的最低薪資比台灣低一點。而波蘭生活費很便宜，看起來真的有機會在波蘭存到錢囉！

薪資水平

但要先提醒一下，前面所提到的薪資數據，是扣掉稅和保險以前的數字。

波蘭政府規畫了非常多育兒相關的福利，希望年輕人願意多生小孩。

實際上波蘭員工每月收到的薪資，都是已經扣完的。以基本薪資2,800元波幣來算（約21,000元台幣），實際拿到的只剩下約2,061元波幣（約15,500元台幣）。如果領取的是最低時薪18.3元波幣（約140元台幣），扣完之後就只剩下13.37元波幣（約100元台幣）。換算一下，實領薪資約為表定薪資的七成，有約30%的錢會被直接扣掉。

這樣算起來，可就有不小的落差了。最低薪資扣完稅和保險，大概只夠一個人在物價低的區域，過著勤儉持家的生活。要成家養小孩，或是買車買房，根本是不可能的事情。

但以上討論的只是基本薪資，如果具備基本學歷或是專業技術，薪資當然還會更高。以整個波蘭來看，所有人的平均稅前薪資約為5,300元波幣（約38,690元台幣），稅後約為3,824元波幣（約27,915元台幣）。在首都華沙平均薪資也會更高，達到6,100元波幣（約44,530元台幣），稅後為4,388元波幣（約32,033元台幣）。收入最低的地區，稅前平均月薪約為4,000元波幣（約29,200元台幣），稅後則為2,907元波幣（約21,221元台幣）。

雖然波蘭的平均薪資比台灣低，但生活費也比台灣低上許多。以雙薪家庭來說，已經可以過著正常生活，養育小孩了。

許多人可能會被那高達30%的稅和保險金嚇到（如果薪資更高，預扣占比也會提高）。這筆預扣金額，包含了養老保險、傷殘保險、疾病保險、健保、所得稅預付款。高稅率通常也代表著高福利，波蘭既然敢收這麼多稅，當然也會端出一些福利措施囉！

社會福利

首先是放假的規定，波蘭每人每年至少有20天的有薪假，如果工作超過一個年限，則有26天。政府還規定，每人每年都要休一次連續兩星期的假，如果有人沒休到，公司是會被處罰的。如果請病假，公司依舊要給付八成薪資。

接下來是健保福利，在波蘭用健保看醫生是不用錢的，就連掛號費都不用。即使是住院住很久，也都是免費的。這個福利看似很棒，但卻有個為人詬病的地方，就是看病需要等待很久。預約專科醫生，如骨科、心臟內科等等，使用健保要等上半年不是少見的事情。如果不想等，那就只好自費了。

文化觀察

別問別人賺多少錢

在波蘭，千萬別問別人薪水多少，這是非常不禮貌的行為。父母不知道孩子的薪水，這在波蘭也不算奇怪的事情。如果到別人家用餐，也千萬不要給主人錢，想說補貼一點菜錢，這會被視為失禮。不妨帶個禮物，或是一瓶葡萄酒，就足以聊表心意了。

育兒津貼

育兒相關的福利也不少，孕婦可以請20週的有薪假（孩子滿6歲前還可以請32週的照顧假），在預產期前6週就可以開始請，剩下的可以在生產後繼續請。而且這段期間公司不能解雇孕婦，算是給新手媽媽一個安心的保障。

以上算是檯面上的福利，為什麼這麼說呢？因為只要可以拿到醫生證明，證明在孕期工作會對胎兒產生不好的影響，就能在孕期全程請有薪假。舉例來說，我們有個親戚在幼兒園當老師，因為醫師覺得在這種環境下工作比較容易感冒，因此就開了證明，讓她可以在懷孕期間全程請有薪假。

除此之外，從小孩出生開始，每月政府都會發放500元波幣（約3,650元台幣）的津貼。如果有2個小孩，就可以拿1,000元波幣，3個小孩則是1,500元波幣，依此類推。小孩的教育是免費的，從幼兒園到大學，甚至是博士班都不需要付錢，這也確保每位學生畢業之後，不需要背負龐大的學貸壓力。

如果有3個以上的小孩，還可以申請大家庭卡。有了這張卡，去加油、買車票、在某些商店消費，都可享有折扣。由此可知，為了鼓勵大家多多生小孩，波蘭政府真的推出了許多福利政策啊！

至於這樣的高稅率對比這些福利，到底划不划算，就見仁見智了。

擔心假快用完了？沒這回事

因為寫旅遊書，拍YouTube影片的關係，我們有時必須離開華沙，前往波蘭的其他城市。如此一來，蜜拉可能就必須請假。每當這種情況發生，我都會覺得內疚不已。好像在強迫蜜拉，要她動用寶貴的特休。

某次新年後，剛好我們有外出拍片的需求，我就和蜜拉確認那個時段是否有空。蜜拉確認了一下，發現自己還有2天特休可以用，便一口答應。

「只剩2天嗎？那我們不要隨便用掉吧？」

我的腦海裡浮現了過去當上班族時，每年都對特休精打細算、斤斤計較的回憶。除非是公司特別佛心，加發特休給大家，不然根據勞基法，就職滿6個月，只有3天特休。就職滿一年，只有7天。滿兩年，也只有10天。滿3年是14天，滿5年到10年，則是15天。

如果中間換了其他公司，累積的年資就不算，又要從頭開始累積。也就是說，特休的多寡，幾乎是用對公司的忠誠換來的。但說真的，這時代要在同間公司待這麼久，應該是越來越難了。

蜜拉看我一臉猶豫，趕緊跟我說不要擔心，這2天剩下的特休，其實是去年的假。她的公司可以讓員工把本年度休不完的假，挪到隔年繼續請。也就是說蜜拉用完了這2天假之後，還有今年的特休額度可以繼續用。

聽完蜜拉的解釋，我稍微放心了。於是我問蜜拉，她今年還能夠請幾天假？

「26天。」蜜拉回答我。

「26天？」

蜜拉點點頭，一臉平靜，彷彿這是再正常不過的事情。我原本以為，因為蜜拉已經進公司5年了，所以才有這麼多特休。我繼續問，剛進公司的新人呢？

「一樣是26天囉！」

我睜大眼睛，不敢相信地看著蜜拉。我換算一下，在台灣要在同間公司待21年，才可以有26天休假。但是在波蘭，剛進公司，什麼都還很生疏的新人，就可以請這麼多天了，這叫人情何以堪啊！

假多到休不完，還有2週強制假

在波蘭的規定是這樣，剛進公司的員工1年可以擁有20天休假，待了10

年就可以擁有26天特休。如果學歷比較高的人，甚至只要花2年就可以拿到26天特休了。然而有些公司則是很大方地一視同仁，直接給所有的人26天特休，如蜜拉的公司就是如此。

不只是這樣，波蘭也有規定，每個正職員工每年都必須休連續2個星期的假，是包含在20天年假之內。有一次蜜拉忘了排假，還被公司提醒，請她記得要選定日期。據說這是為了讓勞工維持健康的身心，才特別有的規定。如果公司沒有遵守，可是會被政府處罰的。

而在台灣，即使是婚假，根據勞基法規定也只有8天。一輩子一次的婚假(好吧，可能有人不是一輩子一次)，竟然比不上波蘭每年的強制連續休假，這也是讓人大開眼界。

最熱門的請假月分，是7月和8月，許多波蘭人會特別在這期間請長假，到炎熱國家度假。加上這時候學生也放暑假，剛好適合全家一起出遊。附帶一提，波蘭的大學生暑假有3個月，從7月放到9月，直到10月才開學。

就連育嬰假也有差別，波蘭可以請1年的育嬰假，薪水可以領大約八成（因為請假方式有點複雜，這邊以平均來計算）。而台灣則是可以請6個月的假，薪水也只能領六成（在2021年7月政府已修法上調為八成）。

文化觀察

重視實習經驗

在波蘭求職時，除了學歷之外，雇主特別注重求職者的工作經歷。也因此對社會新鮮人來說，擁有實習經驗是非常重要的。許多公司和政府單位，也會定期開放實習的職缺，讓年輕人體驗一下職場環境，但因為實習是不支薪的，對經濟能力不寬裕的學生來說，是某種負擔。也有些人批評，這樣的免費實習文化，是變相地壓榨年輕人。

社會福利好，稅額相對高

但優渥福利的背後，也代表著相對沉重的稅制。以蜜拉來說，她每個月的薪水，都會被扣掉將近三成，直接繳給政府。每個月都被扣這麼多錢，相信也是台灣朋友很難想像的。

也許會有人說，休假這麼多，國家不會有競爭力。台灣就是因為大家都刻苦耐勞，高工時工作，大家才能享受相對較高的收入。但其實波蘭在歐盟來說，已經算是福利相對較少的國家了，比起西歐和北歐，波蘭都還差了一段距離。那麼用同樣的邏輯，我們是否可以說，台灣比西歐和北歐的人工時數還高，休假更少，所以台灣的經濟也比較好呢？

對許多波蘭人來說，煩惱的問題不是假不夠，而是假放不完。對台灣人來說，這場景聽起來很像是平行世界。我也終於放下罪惡感，安心地看著蜜拉請假，一起外出拍片了。

以平常心面對死亡

波蘭人看待死亡的態度，與台灣人有著天壤之別。在台灣生活許久的我，對於墓地是陌生的，甚至是恐懼的。從小到大，總是被告誡沒事不要接近墓地，否則晚上可能會做惡夢，甚至被孤魂野鬼纏上。

波蘭墓園不陰森，很平易近人

然而在波蘭，墓地不僅不恐怖，還很自然地融入在大家的日常生活中。父母不但不會禁止小孩去墓園，甚至平常還可能帶著孩子去那邊走走。不論是在什麼時候，墓園裡總可以看到許多家庭在這裡漫步，在墓園的外圍還找得到販售食物的攤販。波蘭墓園給人的感覺，是開放的、溫馨的，完全感受不到刻板印象中的那種陰森感。

造訪祖先的墳墓，不需要等到清明節這類的特定節日。波蘭人在任何日子，都有可能會回到墳墓旁，探訪已逝的至親。波蘭人也習慣對著墓碑說話，

波蘭墓園不會給人陰森的感覺，反倒比較像公園，是個適合家人散步的去處。

問候祖先，說說自己最近發生了什麼事情。那樣互動的感覺很自然，彷彿這些親人都還在世上一樣。

第一次造訪蜜拉的家庭時，蜜拉就帶我前往祖先的墓園，把我介紹給她的過世親人。那種感覺，彷彿自己真的和他們見面一樣。

台灣的墓地通常位於人煙稀少的荒郊野外，而波蘭有許多大型墓園，就座落在城市內，旁邊就是住宅區（看來波蘭沒有「墳墓會影響房價」的概念……）。墓園的交通通常也很便利，不需要長途跋涉、翻山越嶺，只要搭個電車或公車即可抵達。

波蘭掃墓節的傳統儀式

11月1日是諸聖節（Wszystkich Świętych），11月2日是諸靈節（Dzień

Zaduszny)，這兩天是波蘭重要的節日（雖然只有第一天放假）。有些人會把這個節日和美國10月31日的萬聖節搞混，但其實兩者是截然不同的。近年在美國影劇的推波助瀾下，許多人都以為這一天小朋友就要扮成鬼怪去要糖果，然而這卻不是波蘭的傳統。

實際上11月1～2日是波蘭的掃墓時節（大部分人會選擇在1日掃墓）。全家大小會在這時候，前往祖先的墳墓。大家會清洗墓碑，整理環境，許多人也會在墳墓旁擺放鮮花或放盆栽。波蘭人也會在墳墓旁放上蠟燭，據說這是為了讓離開世間的人，可以找到回家的路。傍晚之後朝著墓園放眼望去，可以看到一整片的蠟燭海，非常漂亮。

這樣的掃墓傳統，在天主教文化全面影響波蘭前，就已經在民間存在了。大家習慣在秋天轉冬天的時節，進行類似的活動，歡迎死去的人重新回到人間。天主教也入境隨俗，將諸聖節與這個掃墓傳統結合。許多人都會誤以為波蘭式的掃墓，是天主教的相關活動，但其實背後的發展是更為深遠的習俗。

喪禮儀式後，大家相聚吃飯緬懷往生者

那麼波蘭的喪禮，和台灣有什麼不同呢？如果是天主教家庭，通常會先在教堂舉辦儀式，由神父來主持。所有參與的人都會穿深色的衣服，也有些人會致詞，聊聊往生者從前做過的事情。

教堂儀式結束後，載著棺木的車子，會緩緩地開往墓園。如果距離不是很遠，有些人甚至會跟在後面步行前往。棺木被置入墓穴後，神父會象徵性地撒一把土在上面，說：「塵歸塵，土歸土。」接著就正式將棺木埋進土裡（波蘭不流行火葬，幾乎都是土葬）。

有些波蘭的鄉下，甚至會在喪禮之前，將往生者放在家裡，讓親朋好友可以看他們最後一面，和他們告別。在19世紀時，歐洲甚至很流行在死者往生後，幫他打扮一下，穿上最正式的服裝，全家人一起拍張合照。（如果Google「post mortem photos」，可以看到一些參考照片）

喪禮過程中，參與的親朋好友當然也是難過的。但等到喪禮結束之後，大家會一同到餐廳用餐。到了這個時候，大家的態度就會比較放鬆一些，也開始有笑容了。大家會談天、吃飯喝酒，聊聊往生者過去的故事。這樣聚餐的原因是，波蘭人覺得這就像是往生者招待他們的最後一餐。既然是最後一餐，大家當然要好好投入，讓回憶保留在這美好的一刻。

整體來說，波蘭人看待死亡，是比較平常心的。不會過度哀傷，沒有許多禁忌和習俗，墓園也不會刻意設置在遠離住宅區的地方。這樣的想法和態度，也是很有特色的文化差異。

文化觀察

波蘭的墮胎禁令

波蘭法律嚴格限制墮胎行為，經執政黨法律與公正黨 (PiS) 修法後，目前只有當母親懷孕會有生命危險時或是受強暴懷孕才允許墮胎，即使胚胎有嚴重缺陷也不能墮胎。波蘭民間也因此爆發多起抗議活動。

Chapter 03

波蘭飲食文化

Food culture

要快速接觸一個國家的文化，最簡單的方式，就是從食物下手。波蘭有著獨特的飲食文化，對於美食的標準，也有自己的一套看法。到底波蘭人喜歡吃什麼？喜歡喝什麼？有哪些平民美食？對一般人來說，又有怎麼樣的飲食偏好呢？讓我們一起坐上波蘭餐桌，好好聊聊吧！

在波蘭每天都吃三明治？

我們在台灣生活時，遭遇了很嚴重的麵包危機。波蘭的主食是麵包(chleb)，蜜拉從前在波蘭，每天總是會吃不少麵包。然而蜜拉卻吃不慣台灣的麵包，覺得偏軟也偏甜，和她習慣的那種又硬又扎實的波蘭麵包差很多。

為了讓蜜拉一解鄉愁，我找遍了所有標榜販售歐式麵包的店家，帶了無數款麵包回家給蜜拉吃。雖然口感有接近一些，但她覺得還是不夠像波蘭麵包。後來蜜拉也就放棄了，徹底轉換了飲食習慣。不吃麵包，改吃其他的台灣美食，不知不覺也就過了6年。

主食是麵包，加上不同配料成為一餐

來到波蘭生活之後，必須調整飲食習慣的人，就變成是我了。我每天都吃麵包，試著體會蜜拉從前朝思暮想的波蘭麵包，有什麼特別之處。波蘭麵包口感比台灣的硬上許多，咬下去也比較需要花力氣，可以明顯感受到麵包在口中的充實飽足感。

如果只用「麵包」這個詞來帶過，恐怕也太輕描淡寫了。波蘭麵包的種類繁多，特色各有不同，甚至每個都有自己專屬的名字。如小麥麵包 (chleb pszenny)、8字啤酒麵包 (precel piwny)、小麥圓麵包 (bułka)、全麥麵粉圓麵包 (grahamka)、牛角麵包 (rogal)、甜的辮子麵包 (chałka)、腳趾麵包 (paluch) 等等。除了上述這些之外，還有其他非常多品項，數都數不完。

提到了麵包，就一定要介紹一下三明治 (kanapki)。我每天的早餐，幾乎都是三明治。不只如此，每天的晚餐也幾乎都是三明治。出門上班，或是外出旅遊時，可能也會準備個三明治在身邊，方便隨時解饞。

我們把這個飲食特色拍成影片，分享在社群平台上後，意外造成了不少人的震撼。很多人覺得，這種每天吃三明治的生活，他們絕對不可能習慣。也有不少人開始為我惋惜，覺得我常常吃三明治，好像有點可憐？

首先要解釋的是，波蘭的三明治，和台灣常見的不太一樣。對很多台灣人來說，聽到三明治可能會直覺聯想到，白色吐司夾心的那一種。然而在波蘭，你幾乎找不到這種樣式的三明治。

三明治配料豐富多元

那麼波蘭的三明治長什麼樣子呢？波蘭人會以一塊稍有厚度的麵包當基底，在上面放自己喜歡的配料，像是起司、奶油、蔬菜、蜂蜜、小黃瓜、香

1 簡單版的波蘭三明治，可自行在麵包上添加各式食材。

2 波蘭麵包店產品琳瑯滿目，一走進去就可以聞到濃濃的麵包香。

3 波蘭的主食是麵包，有各式各樣的選擇。

腸等，不會另外再放麵包上去把料夾起來。相較於台灣的三明治，波蘭三明治給人的飽足感比較高，也比較有正餐的感覺。

但是一天吃兩次三明治，以變化度來說，好像真的是比較少一些吧？寫到這裡，蜜拉也提醒我，放在三明治上的料可以變化，比如早上放小黃瓜加黃起司，晚上就可以改成蔬菜加白起司。這種排列組合是千變萬化的，不等於是相同的料理。

而且波蘭人也常常在三明治旁邊搭配其他蔬果，例如甜椒、白菜、番茄、紅蘿蔔等。這樣看起來，其實營養也非常豐富。

蜜拉繼續解釋，在台灣，飯配上雞絲是雞肉飯，飯配上滷肉是滷肉飯，在飯上面放排骨，就變成排骨飯。同樣的邏輯，麵包加上不同的料，當然也算是不同的料理，能呈現出不同的感覺。

我猜，對大部分的台灣人來說，只要在麵包上面放料，不管放什麼東西，都等於是在吃同一種食物。但把麵包當成是主食，就可以理解為什麼波蘭人可以一天吃好幾次麵包，如同台灣人也可以一天吃好幾次飯一樣。

在家預備三明治十分方便

波蘭人常吃三明治的另一個原因，和外食比例低也有關係。通常波蘭人會在家用餐，外食頻率沒有那麼高。在外面吃飯，通常有特別的原因，比如

1

2

3

是家人出遊，或是親友聚會之類的。既然幾乎都在家裡吃，三明治就是一種方便準備，快速享用的選擇了。

台灣外食族群比例高，相對來說，有利於打造多樣的餐飲市場。平價料理的選擇琳瑯滿目，也不需要長途跋涉，就能方便地找到各式餐廳。

如果在波蘭，想吃某一種特別料理，像是壽司、義大利麵、泰國菜，通常都要到比較熱鬧的市區。上館子不便宜，再把交通費和時間算進去，在外用餐的吸引力也就下降了。

在家裡吃三明治，快速方便又省錢，而且波蘭人也喜歡這個味道。這樣比較下來，也就不難想像為什麼三明治會常常出現在波蘭的餐桌上了。

但說實話，台灣這樣獨特的餐飲環境，不但波蘭沒有，絕大多數歐美國家也都難以具備。這也就是為什麼，常常聽到許多旅居國外的台灣人，很懷念台灣飲食環境的原因吧！

1 菜捲 (gołąbki)。

2 薄餅 (naleśniki)。

3 番茄湯 (zupa pomidorowa) 搭配酸奶油。

麵包之外的波蘭料理

可能有些人會有誤解，覺得來到波蘭，就只能乖乖吃麵包和三明治。波蘭當然還有其他料理，只要你喜歡，三餐都吃不同的食物也不是問題。以我來說，我最喜歡的是波蘭的各式湯品。每當有人問我，去波蘭的餐廳應該點什麼，我總是回答點湯就對了。這是最保險，也最不會出錯的選擇。

濃稠的湯，用吃的！

台灣人習慣說「喝」湯，但波蘭人卻說「吃」湯。一般我們聽到「湯」，心中可能會聯想到台灣的清湯，像是蛋花湯、雞湯等等。但在波蘭，湯幾乎都是濃稠的，清湯反倒比較少。每一口下去，都能吃到滿滿的料，所以不用「喝」這個動詞，改用「吃」似乎更為貼切。

我個人最喜歡的波蘭湯品，名為「酸湯」(żurek)。製作酸湯必須先熬煮湯底，湯底的食材包含肉、紅蘿蔔、芹菜根、香芹、防風草、大蒜等等，因此湯

1

2

3

的味道會相當濃郁有層次。湯底完成後，再加入馬鈴薯、波蘭香腸、香料和雞蛋。「酸湯」顧名思義，吃起來鹹中帶酸，因為加了多種香料，甚至可以嘗到一點微辣感。

另外也可以試試看甜菜根湯 (barszcz czerwony)，這道鮮紅色的湯，台灣人應該不陌生，有些人會稱呼它為「羅宋湯」。流行於波蘭、俄羅斯、烏克蘭、立陶宛一帶。不同的地區也有不同的風格，用料有些許的差異。在寒冷的冬天來一碗熱騰騰的甜菜根湯，也能讓身體馬上暖起來。

提到湯，那也一定要提一下酸奶油 (śmietana)，這個開胃的白色配料是波蘭料理的好夥伴。許多波蘭菜都會搭配酸奶油，達到畫龍點睛的效果。就連波蘭的湯也是，除了甜菜根湯之外，番茄湯 (zupa pomidorowa) 搭配酸奶油，簡直是絕配，你可以感覺到不同層次的酸味在嘴巴裡融合在一起，這是非常有波蘭風格的味道。

波蘭的沙拉、水餃也不容錯過

另外波蘭人也很喜歡吃美乃滋拌成的沙拉，裡面可能會有青菜、蘿蔔、馬鈴薯、魚等各種組合。一口吃下去，嘴裡

1

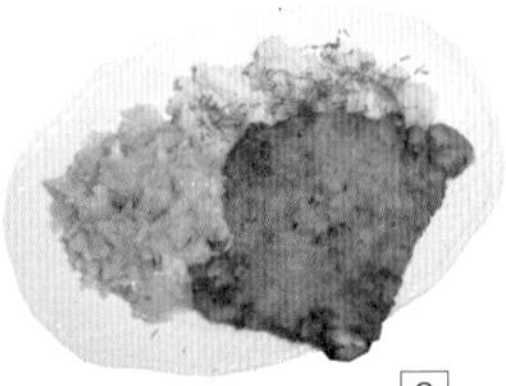
2

3

滿滿的美乃滋味，酸酸甜甜的。特別在聖誕節後，波蘭人幾乎是每天吃。

除了湯和沙拉之外，波蘭水餃（pierogi）也是不能錯過的選擇。波蘭水餃外型比台灣的大上許多。吃不到5顆，就已經非常飽了。而水餃的內餡更是五花八門，除了包肉的之外，還有包蔬菜、蘑菇、起司、馬鈴薯，甚至還有包水果的，像是藍莓、草莓等等。如果想試試看甜的水餃，來波蘭絕對可以讓你大開眼界。

其他適合台灣人的料理，還有獵人燉肉（bigos）、豬排（kotlet schabowy）、菜捲（gołąbki）、薄餅（naleśniki）、馬鈴薯餅（placki ziemniaczane）。想吃不同的波蘭菜，絕對不是問題。

特色料理，挑戰你的味蕾

那麼有沒有什麼料理，可能不適合台灣人呢？如果你想挑戰自己，試試看比較特殊的口味，例如豬油膏（smalec）。豬油膏由豬油做成，呈現白色奶油狀，可抹在麵包上食用，味道有點像是那種臭臭的鯡魚。另外一種試膽料理是塔塔（tatar），是生雞蛋加上生牛肉的組合。也可以考慮嘗試血腸（kaszanka），成分含有豬血，顏色黝黑，連我自己也沒勇氣嘗試，但推薦給喜歡嘗鮮的朋友。

波蘭人喜歡吃冷食

1 波蘭水餃 (pierogi)。

2 豬排 (kotlet schabowy)。

3 酸湯 (żurek)。

比起食物總類的差異，最讓台灣人不習慣的，恐怕就是冷的料理了。如果在家用餐，一天之中可能只有一餐是熱的，其他都是冷的。這一點也讓我覺得很有趣，明明波蘭天氣比較冷，但反倒是台灣人比較常吃熱食。

先前提過的三明治是冷的，沙拉也是冷的。另外一些肉類食品，像是香腸火腿等也是冷的，許多波蘭人不特別加熱就直接吃了（當然是已經熟的狀態）。平均來說，一天吃冷盤的次數比熱盤還多，夏天冬天都是如此。

如果去波蘭餐廳用餐，菜色會以家常菜為主，和平常在家吃的差不多。就連參加特別的活動，像是婚禮之類的，菜色也幾乎都一樣。不像台灣，如果上館子或是喝喜酒，大家總是會想吃點不一樣的料理。

整體來說，如果只是來波蘭旅遊，食物問題不需要過度擔心，絕對可以找到符合口味的選擇，也能有一些變化。但如果是來波蘭長時間生活，可能就必須適應這裡的飲食習慣了。

路上觀察　波蘭的外國食物

波蘭有許多越南人，因此有許多越南餐館，越南菜便宜又美味，廣為波蘭人接受。而壽司在波蘭被視為高級食物，價格也比較高。去壽司店用餐的客人，會讓人聯想到商業菁英，或是都會雅痞。

便宜又大碗的牛奶吧餐廳

到國外旅行，用餐是個讓人煩惱的課題。許多人會擔心選到地雷餐館，或是害怕被當肥羊宰，花好幾倍的價錢吃不道地的料理。也有人乾脆打保守牌，吃世界知名的連鎖餐廳，反正味道一定可接受。但是既然都大老遠出國了，不體驗一下在地特有餐飲，實在太可惜了。

有些人可能會在熱門景點附近，找間人氣還不錯的波蘭餐廳。這類的餐廳也不是說不好，但因為來客以外國人為主，大部分餐點的價格會比較高。味道可能會稍微調整，來迎合遊客的口味。但畢竟餐廳座落在熱門觀光地區，一邊用餐，一邊欣賞歷史建築，還是頗有氣氛。

但如果有人問我們，來波蘭旅行應該要去哪裡用餐比較好，去哪裡享用美食才更有當地的味道，我們會毫不猶豫地回答「牛奶吧」(bar mleczny)。有別於專做外國人生意的餐廳，牛奶吧受到波蘭人的喜愛。每次去牛奶吧用餐，坐在我們附近的都是本地人。在中午時刻前往牛奶吧，可以發現有不少

看看影片

一起來波蘭牛奶吧用餐

波蘭有無數間牛奶吧，裝潢設計各有不同。

上班族在這裡吃午餐。晚餐時刻，常常看到全家大小，甚至三代同堂，一起前往用餐的景象。來牛奶吧吃飯，能真正體驗在地的餐飲文化，也才更有深度出國旅行的感覺。

聽到「牛奶吧」三個字，可能很多人會直覺地以為，這是一間酒吧夜店，提供了很多跟牛奶相關的調酒或飲料。其實這裡和酒吧完全沒關係，牛奶吧有點類似波蘭版本的自助餐廳（但不是自己夾菜）。然而「牛奶」這兩個字倒是其來有自。

波蘭人熟悉的平價好味道

牛奶吧的餐點，相較於其他餐廳，價格相對便宜。但餐點的分量很有誠意，就連食量比較大的人都可以吃飽，名符其實的便宜又大碗。而且這裡的餐點選

1　豬排加上 3～4 道配菜，是牛奶吧很經典的選擇。

2　雖然牛奶吧的擺盤比較簡單，但味道很道地。

擇多元，提供了許多和牛奶無關的波蘭料理。

可能有些人會以為，這裡既然價格不高，那應該是吃粗飽的地方，食物的水準不怎麼樣吧？然而價格划算的原因，不是因為節省食材費用，而是因為直到今日，政府依舊有提供贊助。根據我們的經驗，絕大多數的牛奶吧，餐點都還不錯。雖然擺盤沒有大餐廳那麼精緻，但口味絕對是波蘭人熟悉且認同的。

或許因為來這邊用餐的人，大部分都是波蘭人，有不少牛奶吧都只提供波蘭文菜單。這也讓許多外國遊客望之卻步，在店家外面猶豫再三，不敢鼓起勇氣走進來。但因為每間牛奶吧提供的菜色都差不多，都是波蘭常見的家常菜。你只要拿出手機秀出想吃的波蘭菜照片給店員看，基本上就能完成點餐了，沒那麼困難。

點完餐之後，如果廚房備餐很快，店員會直接將餐點放在餐盤上。顧客就直接端餐盤到空位上享用即可，流程有點像是麥當勞那樣。如果需要等候廚師做菜，也有的牛奶吧會在點餐結帳之後，請客人先坐定位，再通知客人取餐，或是由店員上餐。

牛奶吧這樣特殊的餐廳，在歷史的演進之下，自然而然地成為波蘭具代表性的飲食文化。來波蘭玩，一定要找機會來試試看，和當地人一起享用波蘭美食，體驗波蘭人的日常生活。

2

1

路上觀察 「牛奶吧」名字的由來

據說在 19 世紀末時，波蘭就已經出現類似牛奶吧的餐廳了。但牛奶吧真正開始流行，是在第一次世界大戰結束，波蘭重新獨立之後。他們提供老百姓廉價、好吃、分量足的波蘭家常菜，因此大受平民歡迎。在當時因為肉比較昂貴，所以許多料理都改成添加牛奶，來維持熱量和營養，「牛奶吧」的名字就是這樣來的。
到了社會主義時期時，基於讓人人都有食物吃的想法。政府也開始提供資金，贊助全國各地牛奶吧的營運。希望每一個波蘭人，即使在經濟不好、物資缺乏的時候，都至少能吃到基本的波蘭菜，這個政策一直延續到了今天。即使波蘭政府已經轉型，走向了民主時代，牛奶吧依舊在一般人心中占了重要的地位，徹底融入了波蘭人的日常生活。
值得一提的是，不只波蘭有牛奶吧，許多前社會主義國家，例如烏克蘭與俄羅斯，也都有類似牛奶吧的餐廳。在午餐或晚餐時段，常常可以看到在附近工作的上班族來這裡用餐，那種大家排隊端餐盤的畫面，或許也是這些國家共通的生活經驗。

路上觀察 醫院的食物最難吃

因為波蘭人普遍覺得，醫院供應住院病人的食物非常難吃。甚至會以「醫院的食物」來形容讓人食不下嚥、單調乏味的料理。舉例來說，如果今天某間餐廳的食物讓你失望，你就可以說這裡的菜吃起來，簡直就像是醫院的食物一樣。

喝茶就像談戀愛一樣

波蘭不只有伏特加，對波蘭人來說，喝茶是相當普遍的。雖然茶的種類有很多，但是所有的茶類之中，以紅茶在波蘭最為普遍。當波蘭人問你想不想喝茶，其實就是問你想不想喝紅茶的意思。如果有人特別聲明自己喝的是其他的茶（如綠茶、烏龍茶等），則會給別人這個人很新潮，很重視健康，可能有在練瑜珈的感覺。

在大城市現在也可以找到專門賣各式茶葉的店，與台灣印象中的地方茶莊不同，波蘭的茶店通常非常講究氣氛。與其說是賣茶，他們更像是在賣某種精品。你可以感覺店裡散發著一種神祕的東方能量。有的茶店也有提供室內品茶的空間，裝潢也都很有禪意。

但畢竟其他種類的茶在波蘭只能算是小眾市場，一般的波蘭人，還是只喝紅茶。親友來訪，大家坐下來一起泡杯紅茶，吃個點心聊聊八卦，是很愜意的事。在台灣講到泡茶，大家可能會聯想到把茶葉放進茶壺內的傳統泡法。

看看影片

看看台灣人在波蘭開的
珍奶店長什麼樣子

波蘭茶店通常都裝潢得非常有禪意。

然而在波蘭，泡茶多半指的是用立頓的茶包直接沖泡，比較單純簡單。

波蘭喝茶的品味和方式，和台灣截然不同。最大的差異就在於茶的糖量。

波蘭茶甜度讓你甜蜜蜜

第一次拜訪蜜拉的奶奶時，聊天聊到一半，奶奶泡了紅茶，拿出甜點給我們享用。喝茶的時候，我發現了一件很特別的事情，那就是奶奶在倒茶之後，喜歡加入好幾匙的白糖。那個糖量之多，讓我大開眼界。看著金屬小湯匙不斷盛滿白色顆粒，灑進冒著煙的紅茶。我甚至覺得杯底一定累積了厚厚一層，沒辦法全部溶解的白糖。

在台灣，一般來說大家喝茶不會加那麼多糖。甚至在近年來，逐漸興起減糖的風潮，喝茶不加糖是常見的事。但

1 波蘭家裡常見這類裝白糖的罐子，泡茶時可直接用來加糖。

2 雖然是小眾中的小眾，但波蘭還是可以找到台灣茶。

1

2

奶奶告訴我們，她覺得喝茶就像是談戀愛一樣，一定要又熱、又濃、又甜。如果不加糖，就失去喝茶的意義。

奶奶的理論不只適用在現泡的茶，就連波蘭市面上販售的罐裝茶飲，也完全符合這個宗旨。要在波蘭的超市找到無糖茶飲，簡直難如登天。我們也曾好不容易發現一款不加糖的茶，但事後想要再喝，卻再也找不到了。想必是被喜歡甜飲的波蘭市場淘汰了吧？

在波蘭想喝無糖茶，難尋找啊！

如果你來波蘭玩，運氣好看到罕見的無糖茶，請千萬不要客氣，直接買下來就對了。這次錯過，下次可能就很難找到了。

既然很難找到無糖的茶，那就試試看有糖的吧！我也曾經嘗試過一般常見的茶飲，但那個甜度真的讓我不太習慣，比台灣的有糖茶還要甜上不少。

茶如此，果汁也是這樣。通常在貨架上販賣的瓶裝果汁，也都是有加糖的。彷彿看到無糖的飲料，就像是中了樂透一樣。

在台灣生活許久的蜜拉，口味也漸漸被台灣同化。回到波蘭，面對這麼多有糖的飲料，還真的有點不習慣。開始在波蘭生活之後，我們幾乎都自己泡茶，不再購買市售的飲品。

不只是飲料，就連波蘭甜點也都比較甜。但波蘭的甜點真的好吃，波蘭人也很喜歡自己做甜點。造訪波蘭人家裡，可能會吃下一堆獨家祕方的蛋糕甜點，甚至有些是依據祖傳食譜做出來的。像是蘋果派、起司蛋糕、奶油蛋捲等等，每一道自製點心都能媲美專業的水準。偶爾吃吃波蘭甜點很棒、很幸福，但如果太常吃，那個糖量可能會讓人吃不消。

台灣手搖飲進駐波蘭

有意思的事情是，台灣的手搖飲料店，近幾年也慢慢打入波蘭市場了。目前看起來，手搖飲料市場還會繼續成長，前景相當樂觀。華沙原本只有2間手搖店，但現在已經可以找到5間以上了。如果你到華沙舊城附近的Chmielna街，你會看到路上的年輕人人手一杯手搖飲，非常壯觀。

像是調整冰量和糖量的台式客製化服務，也隨著手搖店一併被引進來了。當越來越多波蘭顧客發現原來飲料的甜度是可以調整的，不是只有最甜的選擇，而是可以媲美牛排熟度那樣，根據個人的喜好來選擇。這會不會慢慢改變波蘭人嗜喝甜飲、嗜吃甜食的習慣呢？

喝茶就要像談戀愛一樣，然而轟轟烈烈的戀愛，和清新雋永的戀情，應該也是可以共存的吧！

文化觀察

波蘭人愛吃甜，卻不愛甜麵包

雖然波蘭人喜歡甜食，喜歡在飲料裡加糖，但他們卻無法接受甜的麵包。因為麵包對他們來說是主食，在主食加糖是件詭異的事。這也是為什麼波蘭人一般來說，不太能接受台式麵包的原因。

伏特加的國度，波蘭的飲酒文化

很多人對斯拉夫人的其中一個印象，就是喜歡喝酒。來波蘭之前，我抱著半信半疑的態度。來波蘭長住之後，我才發現這樣的印象其來有自。酒在波蘭的文化之中，的確占有一席之地。

蜜拉有個堂姊歐佳，活潑外向的她，從小到大總是追求者不斷。但不知道是否是命運的捉弄，歐佳的歷任男朋友，總是得不到她爸爸的認同。如果歐佳是台灣人，喜愛看鄉土劇的朋友大概會開始猜測，是不是因為歐佳選的男朋友都不有錢？沒有車也沒有房？還是工作不夠體面？

其實上述幾項物質方面的條件，並不是波蘭人擇偶的優先考量。真正讓歐佳的男朋友們中箭落馬的點，竟然和酒精有點關係。愛看社會新聞的朋友，聽到酒精這兩個字，可能會聯想到酗酒家暴之類的事情吧？不是這樣的，現實的狀況，往往比想像還要離奇。

當波蘭人請你喝伏特加，接受才是有禮貌的行為，除非有特殊的原因。

重要場合上，伏特加是必備成員

早在遙遠的10年前，歐佳交了一個來自荷蘭的男朋友。歐佳帶著他，來參加家族某個成員的結婚典禮。在這麼重要，這麼歡樂的場合，波蘭人一定會拿出伏特加來和大家享用。

當大家開心地準備和歐佳男朋友敬酒時，沒想到他竟然說了一句讓全場目瞪口呆的話：「我不喝酒。」

姑且先不談喝酒傷身的問題。喝伏特加 (wódka) 對波蘭人來說，算是文化的一部分。有個說法是，兩個人一定要一起喝過伏特加，才算是真正的朋友。如果拒絕別人的邀酒，對某些傳統的波蘭人來說，是不禮貌的。

如果別人來敬酒，大概只有三種狀況，是可以拒絕的。第一種狀況是，你生了重病。第二種是，醫生要你戒酒。第三種是，你等一下要開車。

而這個荷蘭男朋友，都不符合以上的狀況。所以從那天開始，他就被貼上不會喝酒的標籤，在往後的家庭聚會，有些人也會不時提起這件事調侃一下。

在波蘭比較傳統的地方，還是存在著男人要大口喝酒，大口吃肉，才是真男人的想法。不知道是不是這個原因，歐佳老爸不是很喜歡這個荷蘭男朋友，覺得他不夠有男子氣概，最後他們的緣分也不長，沒多久後就分手了。

想當波蘭女婿，酒量不能太差

後來歐佳又交了一個英國男朋友，帶他來參加蜜拉哥哥的婚禮。大家抱著試探的心情，倒伏特加給他，向他敬酒。

這一次，英國男朋友接受了，喝下了一杯伏特加。大家覺得很開心，心想歐佳總算交了一個會喝酒的男朋友了。但奇怪的是，後來他就消失了，在整個會場都找不到他的身影。

最後大家才知道，原來英國男朋友喝了那杯伏特加之後，不勝酒力，就上樓睡覺了（波蘭婚禮至少會玩兩天，新人可能會訂房給賓客）。

這件事情，再度成為家族聚會茶餘飯後的話題。歐佳的爸爸甚至給他取了一個綽號「英國老鼠」，看來不是敢喝就可以，酒量還不能太差啊！（歐佳爸爸的例子可能有點極端，不是每個波蘭人都是這樣囉！）

目睹了歐佳男友的狀況，我開始理解為什麼同樣身為外國人的我，可以這麼快融入蜜拉家族了。打從第一次參與蜜拉家族的聚會開始，只要有人來敬酒，我來者不拒。到後來，蜜拉家族的成員都很喜歡找我敬酒，甚至連歐佳那位嚴格的老爸都讚許我入境隨俗的表現。

好消息是，如果女生不想喝伏特加，是可以拒絕的。女生的選擇很多，可以喝葡萄酒、香檳、威士忌。甚至喝果汁也沒有人會有意見，必須喝酒的傳統只針對男生。

男生當然也可以自由地喝其他酒精飲料，但前提是如果別人倒伏特加給你，打算跟你乾杯，你不能拒絕。在這個限制之下，很多男生參加聚會就只會喝伏特加了。畢竟混著不同的酒一起喝，非常容易醉倒。

不同場合也會喝不同的酒

然而也不是每個場合都會喝伏特加，像是蜜拉爸爸也很喜歡在夏日午後，和我一起喝啤酒。身為侍酒師的蜜拉哥哥，也常常找我喝葡萄酒。但在一些比較傳統的波蘭聚會，主要還是以喝伏特加為主。

下次來波蘭，參加波蘭人的聚會，先做好心理準備，隨時會有人倒伏特加給你。至於喝與不喝，就自己斟酌拿捏囉！

路上觀察　波蘭伏特加品牌

波蘭的伏特加，我們特別推薦下面幾個牌子：Belvedere、Młody Ziemniak、Wyborowa、Biały Bocian、Żubrówka。如果有機會來波蘭，可優先嘗試這幾款，或是買回台灣送親友也很適合。

Chapter 04

波蘭生活日常

Everyday life

不同的社會會孕育出不同的生活模式，形成獨樹一格的文化特色。波蘭人如何安排一天的作息？有什麼娛樂？又怎麼過特別的節日呢？在波蘭有什麼樣的社會氛圍，人與人之間的互動模式為何？為什麼一般人普遍不喜歡和政府部門打交道？這一章就讓我們深入地探討。

Zycie codzienne

高緯度的白晝與黑夜

還沒跟波蘭結下緣分之前，聽到這個國家，總有種錯覺，覺得這裡很接近北極圈，是個非常冷的國家。許多套用在俄羅斯西伯利亞的刻板印象，同樣也能套用在波蘭身上。比如冬天積雪會超過1公尺、可能會有北極熊出沒、可以看極光等等。

實際造訪波蘭，甚至開始在波蘭生活之後，才發現從前自己真的是太過無知了。波蘭的緯度的確是比較高，以首都華沙來說，約為北緯52度，甚至比日本北海道的緯度高上不少（約41～45度）。但這個緯度卻還是離北極圈有段差距，就更別提能夠看到北極熊或極光了。

即便如此，對於來自台灣的我來說，波蘭已經足夠稱得上是高緯度國家了。高緯度地區有個特色，那就是冬季的時候，白天會比較短，黑夜會非常長。以華沙來說，12月左右可能要等到早上7點半之後，天才會濛濛亮，而大概下午3點多，天就已經黑了。

波蘭人非常喜歡在夏天時到海灘度假。

冬天晝短夜長，下午3點多就天黑

晝短夜長造成最直接的影響就是，感覺一天很快就過去了。明明才剛起床沒多久，怎麼天空馬上就暗了呢？在台灣，天黑會讓人聯想到下班休息、準備吃晚餐。但在波蘭的冬季，這樣的連結就失效了。看到太陽下山了，但轉頭看看時鐘，竟然才3點多，離晚餐還有很長的時間，這樣的心理衝擊是很巨大的。

也因為如此，在波蘭的冬季，我總覺得自己的工作效率比較差。每當天色漸漸暗了，我的身體就告訴我該休息，不要繼續工作了，但偏偏時間還很早啊！

因為冬季日照的時間比較短，心情也會比較憂鬱。為了減緩冬季憂鬱的症狀，即使戶外溫度零度以下，我還是會強迫自己在白天時多到戶外走走，多曬曬珍貴的陽光。

夏天是波蘭家庭一起聚餐烤肉的季節。

以蜜拉的媽媽為例，她早上6點多出門上班，一直到下午3點多才下班。也就是說，她的通勤時間很有可能都會在黑暗中度過。如果當天比較忙，中午沒空出去休息片刻，等於一整天都看不到太陽，這是件多麼讓人沮喪的事情啊！

為了躲避冬天的寒冷黑暗，有些波蘭人會特別趁這段期間，到一些比較炎熱的國家旅行。例如泰國就是近年來很受青睞的選項，波蘭航空也特別開了華沙直飛曼谷的班機，服務往來兩地的旅客。

但也拜高緯度所賜，一到了夏天，狀況就有了一百八十度的逆轉。早上4點多天就亮了，而一直到晚上9點才天黑。所有存在於冬天的缺點，到了此刻就翻轉成為優點了。

夏天日長夜短，好好享受日光浴

因為白天很長黑夜很短，感覺一天之中可利用的時間變多了，工作起來也特別得心應手。看著窗外的陽光，彷彿就能補充精力，比較不容易疲累。也因為照到陽光的機會多了，心情也跟著愉悅起來，憂鬱一掃而空。

因為夏天的氣候溫暖，波蘭人也會特別把握機會，多到戶外走走。像是到戶外野餐，登山健行，或是到海邊度假。有不少波蘭人也會乾脆脫掉上衣，躺在戶外曬太陽，享受這期盼已久的日光浴。

防曬在大多數人的眼中，是難以理解的事情。大家搶著曬太陽都來不及了，怎麼還會撐陽傘、戴口罩，把自己包得緊緊的呢？大部分的人也希望趁著夏天，把皮膚曬黑一點，這樣也比較符合波蘭人的審美觀。許多波蘭保養品品牌都有推出助曬劑，滿足大家追求古銅色肌膚的夢想。

波蘭人夏季喜歡從事戶外活動

夏季的時候，波蘭人也非常喜歡在戶外烤肉。有時候親友聚會，就乾脆約在某個人的院子裡烤肉。大夥一邊喝冰涼啤酒，一邊坐在躺椅上，大口吃肉吃香腸，真是人生一大樂事。

夏季也是波蘭人請假的熱門時段，政府規定每個人每年都要連續休兩個星期的假，不少人都會選擇在夏季請假。畢竟天氣溫暖，當然要把握機會走到戶外，給自己一段時間放空，好好享受陽光囉！如果宅在家裡不出門，那可就太浪費了。

路上觀察 **波蘭的害蟲：蜱蟲**

相較於台灣，波蘭的害蟲比較少，唯一要特別留意的是蜱蟲。夏季到波蘭的森林活動，要小心不要被蜱蟲叮咬。若是被咬到可能會發炎，甚至會得到多種傳染病。

波蘭人的一日作息

來到波蘭生活後，觀察了周遭波蘭朋友的生活作息，發現真的和台灣有不小的差異。過慣波蘭生活的人來到台灣，可能會大喊累到吃不消。而過慣台灣生活的人來到波蘭，可能會有不夠忙碌的罪惡感。為什麼會有這樣的反差呢？就讓我們細細拆解一般波蘭人的一日作息吧！

看看影片

體驗在波蘭森林採蘑菇

在家吃完早餐，出門開啟一天的序幕

根據每個人工作時間、上班地點的不同，起床時間也會有差異，早上5點至8點起床都有可能。波蘭人習慣早上洗澡，所以起床後有些人會直接進浴室盥洗。波蘭人外食風氣不盛，大家通常會在家裡吃早餐。常見的早餐是三明治，再搭配一杯熱紅茶或咖啡，開啟一天的序幕。

填飽肚子後，接下來要出門工作了。以華沙為例，因為上下班時間滿容易塞車的，許多人選擇不開車，改搭大眾運輸工具。華沙有著為數不少的公

即使是平常日，也常常可以看到波蘭人全家外出散步。

車族、火車族、捷運族。雖然車廂內的擁擠程度，比不上台北，但人潮依舊是很可觀。

一般上班族，每天工作時間是8小時。乍聽之下好像和台灣差不多，但是這個8小時，是包含吃飯的時間。也就是說，如果照波蘭的標準來看，台灣朝九晚六的上班族，每天工時應該是9小時才對。

當初蜜拉知道台灣用餐時間沒有算進工時內時，真的超級訝異，對她來說這是難以理解的事情。當然一般波蘭人也不會因為這樣，就故意吃很慢，占老闆的便宜。許多人都是自備三明治，解決掉中餐，不會花太多時間。比起台灣常見的1小時午餐加午休時間，波蘭人會更快回到工作崗位，繼續還沒完成的任務（沒錯，波蘭沒有午睡的習慣）。

1　波蘭陶世界知名，在台灣也漸漸興起收藏的熱潮。

2　歡迎收看影片，和我們一起製作精緻美麗的波蘭陶。

下班後有充裕時間陪伴家人

根據產業的不同，開始上班的時間也不一樣。有些人7點就開工了，有些人則是9點開始。也因此，大概從下午3點開始，波蘭人就陸續開始下班了。蜜拉媽媽就是3點下班，通常3點半就可以回到家。接下來的時間，就可完全自由運用。

對比較早下班的人來說，這個時候才會吃一頓比較正式的午餐。這餐大約落在下午3點至4點左右，這也是一天當中最豐盛、分量最大、熱食最多的一餐。大家可能會在餐桌上，一邊用餐，一邊和家人分享今天發生的事情。

如果家裡有小朋友，也會在天黑之前，帶著孩子一起到外面走走。住在市區，可以到大型公園散步。波蘭人養寵物的風氣很盛，許多人也會趁這個時段，牽家中的毛小孩出去活動。住在郊區，甚至可以進森林漫步。波蘭人也很流行一家大小帶著簡單的器具，到森林裡面採野菇。

和孩子一起出去運動，也是不少人的選擇，常常可以看見家長帶著孩子在外面騎腳踏車。波蘭最流行的運動是足球，有些爸媽則會帶著孩子到附近的足球場，和其他小朋友一同踢球。

那麼孩子需要寫回家作業嗎？有可能，但作業量不可能像台灣那麼多，通常不用半小時就可以完成。波蘭有些政治人物，甚至提出了極端的想法，想要完全禁止回家作業。雖然沒有成真，但也或多或少說明了，社會不傾向

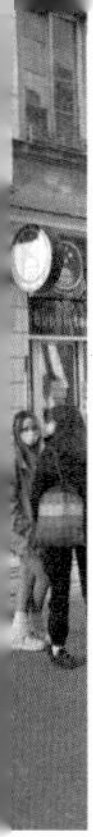

2

1

文化觀察

特殊精緻餐具於特別節日使用

如果喜歡漂亮的餐具，來波蘭一定要買幾套波蘭陶。許多波蘭人家裡都會準備一套特別美麗的餐具，有著鮮豔的花紋，精緻又美觀。在平常的日子，大家會使用普通的餐具。但每逢重大節日，例如復活節或是聖誕節，波蘭人就會把這套壓箱寶餐具拿出來擺盤，增添過節的氣氛。因為只在特別的日子使用，有很多人也戲稱這是一年使用一次的餐具。甚至很多斯拉夫的家庭，都有這種習慣。

給孩子太大的壓力。波蘭不流行補習，加上家長比較早下班，所以一般而言，波蘭家庭每天都有很長的親子時間。

天黑之後，有的波蘭人會看新聞、看連續劇。也有的波蘭人會閱讀，泡杯茶，或是喝點小酒。大概在8點之後，波蘭人會吃點晚餐。台灣的晚餐往往是最豐盛的一餐，但波蘭的晚餐則比較單純，通常也是以三明治類的冷盤為主。

波蘭鮮少夜生活，大多待在家中

波蘭大概7、8點後，路上就變得比較冷清。相比台灣同時段大街上依舊明亮熱鬧，形成強烈對比。波蘭的夜生活沒有像台灣那樣豐富多元，大部分的人會待在家裡，除非有特別要慶祝的事情，否則平日不太會和三五好友去夜店酒吧。一天結束後，和家人道了晚安，緩緩進入夢鄉，迎接下一天的到來。

對許多台灣人，甚至大多數的東亞人來說，這樣子的生活作息，可能太過悠閒自在。但對其他歐洲人來說，他們卻覺得波蘭是工作非常勤奮的國家。波蘭也是歐盟國家之中，工時相對較長的國家。講到悠哉懶散，歐洲人通常會聯想到南歐，絕對不會想到波蘭。在其他歐洲國家工作的波蘭人，通常也以認真勤勞著稱。

如果波蘭作息已經算是勤勞了，想想台灣的狀況，是不是覺得台灣人對於工作奉獻的程度，可說是世界頂尖了呢？

小學生的一日作息

我們都是遠距離工作者，客廳就是我們的辦公室。以工作環境來說，這裡非常合適。華沙的郊區，基本上非常安靜，沒有什麼干擾我們的噪音。

但卻有個例外，只要有人走路經過院子外的馬路，我們家的3隻狗就會此起彼落地叫起來。大概在早上8、9點，是狗叫的高峰期。我觀察了一段時間才發現，原來我們家附近的小學，大概就是這時候開始上課。附近的學生會走路去上學，也難怪我們家的狗總是特別興奮。

某一天，大概早上11點多左右，狗兒又開始叫起來。我看看窗外，發現有幾個學生經過我們的家門，朝學校的反方向離去。我好奇地問蜜拉，該不會他們已經放學了吧？蜜拉點了點頭，告訴我如果他們今天課比較少，有可能現在就放學囉！

幾個小時前才目送他們上學，這麼快就看到他們回家了，這種感覺真讓我有點錯亂。我看著他們的背影，想起我過去的學生生活，似乎沒有只上

波蘭的郊區小學。

2、3小時課就可以回家的經驗。如果中午就可以放學，那大概代表今天是段考吧！但蜜拉卻說，這在波蘭是稀鬆平常的事情，就連她上高中的時候，也曾經中午以前就下課回家了。

小學生放學後認真玩樂

波蘭的下課，和台灣的下課，也有著意義上的不同。對波蘭學生來說，下課真的是下課。對台灣學生來說，下課卻可能還要去補習班，是另一段上課的開始。

波蘭不流行補習班，一般情況下，孩子下課之後，就可以回家做些自己想做的事。當初蜜拉就常常在放學後，和哥哥到附近的森林，玩遊戲或採蘑菇。波蘭人普遍也比台灣人早下班，所以大家有更多的時間可以回家陪伴家人小孩，不需要把照顧孩子的責任外包給安親班和補習班。

當然波蘭孩子回家之後，也是需要做功課的，但功課的量不會太多。根據統計，他們花在回家作業的時間，一個星期大約是6小時。但即使如此，還是有不少波蘭人覺得孩子作業太多，壓力太大了，怎麼可以讓他們回家後還繼續加班呢？他們覺得北歐的小孩，花在寫作業的時間更少，為什麼波蘭的小孩要比他們辛苦？

在這樣的民意下，部分政府官員提出要修法，限制孩子的作業量。比較激進的人，甚至還想全面禁止孩子寫回家作業。當然也有波蘭老師，會擔心孩子沒有足夠的時間複習課程。至於平衡點在哪裡，看來波蘭社會還需要一段時間討論，才能得到結論。

課業、考試、才藝班是台灣小學生的記憶

對於在台灣長大的我來說，這樣的求學環境，對小孩來說根本是天堂啊！回想自己念小學的時候，每天都要寫一堆作業，也要準備很多考試。如果作業寫不好，甚至會被老師撕爛，重寫一次。下課後補習、學才藝也是非常普遍的事。時代變遷之後，或許現在台灣的小學生壓力減輕了一些。但相較於波蘭，說不定台灣小學生的工時，還高於波蘭的成人呢！

我們有個波蘭朋友，她的先生也是台灣人，他們與兩個孩子一同在台灣生活。在小孩即將到了就學的年紀時，他們也開始猶豫，究竟要讓孩子留在

文化觀察

波蘭對教育的看法

從高等教育的角度來看，美國把教育視為是種投資，花昂貴的學費取得良好的學歷，可以增加自己在未來找到好工作、賺大錢的機會。而波蘭與許多歐洲國家則把教育看做是權利，只要有能力，甚至可以免費念到博士班。

台灣，還是要回波蘭念書呢？

很多台灣朋友告訴他們，嚴師出高徒。台灣學校對孩子的要求比較高，孩子待在台灣可以學比較多。如果回到波蘭，波蘭學校對孩子沒那麼嚴格，孩子可能不會認真學習。這樣的虎媽虎爸信念，依舊被許多人奉為圭臬。但仔細想想，沒有高壓的學習環境，就無法培養出現代社會所需的能力嗎？

以蜜拉為例，她從前的生活鮮少被作業考試占據，充滿了與家人和大自然相處的快樂回憶。如今她依舊多才多藝，會多國語言，在世界很多地方工作、生活都沒問題。

在高壓嚴格的求學環境下成長的孩子，普遍來說，長大之後的確比較吃苦耐勞，比較不容易抱怨。在某些產業和領域，這或許是一種優點。例如台積電這類頂尖科技公司，需要一群願意加班，願意犧牲自己休閒時間，願意承擔高壓力的工程師協作，就很適合在台灣孕育出來。但在某些方面，像是諾貝爾獎和奧斯卡獎得主，是以波蘭人比較多。特別是需要想像力和創意性的領域更為明顯，例如近幾年大放異彩的波蘭電玩遊戲公司 CD Projekt RED 就是個例子（推出風靡全球的電玩大作巫師系列）。

只能說在不同的環境背景下，生成不同的制度和觀念是很正常的。當世界變化越來越快，國與國的疆界越來越模糊，我們的選擇也不該只有一種才是。

政府機關效率不彰

波蘭某家電視台，晚上播放波蘭式的相聲節目。2、3個表演者在台上演出短劇，諷刺一些波蘭的社會現象。因為蜜拉父母是忠實的觀眾，所以我也會跟著一起收看。他們的表情和肢體動作非常生動，不需要懂波蘭語也能看懂。

有一次他們演了一個橋段，大意是某個人去政府單位辦事情。負責的公務員問他有沒有帶結婚證書影本？他回答有。公務員又問他，有沒有帶父母的結婚證書影本？他回答有。公務員再問他，那有帶祖父母和曾祖父母的結婚證書影本嗎？這下他已經開始冒冷汗了，還是回答有。

準備充分的他，原本以為手續已經辦完，可以解脫了。沒想到最後公務員又問他，對了，你每個影本有準備2份嗎？然後他就崩潰了……

原本以為這齣節目腳本，是為了搏君一笑，才稍微誇大渲染。去政府機構辦事情哪有可能這麼困難？在波蘭實際生活之後，我才慢慢理解到，這段劇情的深意。對台灣人來說，來波蘭需要習慣的其中一件事，就是效率的差

看看影片

在波蘭申請居留證的曲折過程

異。相同的行政流程在不同的地方進行，在台灣是急速奔跑，在波蘭則是龜速慢行。

申請文件證明，流程繁瑣費時

為了申請波蘭居留證，不可避免地，我們必須跑很多政府單位，申請一些文件。其中一個關卡，就是要到類似戶政事務所的地方，申請那個相聲節目中提到的結婚證明。

進去之後，我們先抽號碼牌，然後耐心等待跳號。相較於台灣戶政事務所的開放空間設計，波蘭的相對來說封閉多了。大廳後方是一條長廊，長廊的一側是一間間的辦公室。民眾和公務員被完全隔開，可能也是因為這樣，讓我覺得內部的氣氛有點緊張。

等了將近20分鐘，終於輪到我們了。我們進了其中一間辦公室，和裡面的人員表達來意。於是他給了我們一張繳款單，要我們先去收費中心繳費。於是我們回到大廳，重抽號碼牌，等待繳費。大概又過了20分鐘，我們總算繳費完畢。然後我們再回到那條長廊，進辦公室把憑證交給小姐，換取結婚證明。

接著我們去附設在大廳旁邊的郵局櫃檯寄文件，但不巧遇到他們的休息時間，櫃檯漆黑一片。我們只好耐心等待，等郵局員工休息回來。等員工回來後，不巧又遇到了前面的人處理轉帳的事情，所以我們只能繼續等，最後才將文件順利寄出。

工作還沒有完，因為移民署要求我們提供多張合照影本（證明我們真的在一起）、戶口名簿影本、護照內頁影本，所以我們必須跑去影印店。舟車勞頓之後，最後我們就捧著一疊將近100張的紙，準備申請居留證。

在波蘭想影印，不像是台灣，只要去便利商店就好。我們得特別走一段路，千里迢迢去影印店。後來為了避免這個慘劇重演，我們就乾脆買了自己的印表機，永絕後患。

上述這些事情其實不難，就是有點繁瑣。全部加起來，就耗掉我們好幾個小時的時間。

相同的情況如果在台灣，大概10分鐘就可以解決了吧？台灣公務體系服務的效率很快，態度也很友善。便利商店也能處理很多事情，像是繳費、郵寄、列印等等，全部一次擁有，再額外附贈店員親切的笑容。

接下來的關卡，就是申請居留證了。網路上很多人分享，等待居留證核發的日子極其漫長，甚至有人等了1年才拿到。然而最後我們只花了半年，就順利拿到居留證了，想一想真覺得自己有夠幸運。有的人因為遲遲等不到居留證，找工作和去銀行開戶都被受限，過了很長時間的次等居民生活。這樣想想，其實自己也沒什麼好抱怨的了。

附帶一提，當初蜜拉在台灣申請居留證，只花了2週就拿到。而我當初前往新加坡工作時，也在1個月內拿到工作證。比較起來，效率真的快上不少。

但說實話，在全世界要找到政府效率高過台灣和新加坡的國家，也不是簡單的事。由奢入儉難，如果我們生長在其他國家，或許也會覺得等幾個月是正常的事情？

其實不只是公家單位，就連私人的商業往來，效率也比台灣慢一些。蜜拉的公司曾和一位外包設計師合作，製作促銷的宣傳網站。但在促銷日的前一天，設計師竟然還沒有完成，甚至還以下班時間到了為由，就這樣失聯了。

當然以上只是我的個人經驗和看法，不代表每個人都會遇到相同的事情。我們也相信波蘭也有辦事迅速的公務員，但畢竟工作文化和制度流程不是一個人就能改變的。因此可以確定的是，如果你的個性比較急，比較重視速度和效率，來波蘭前或許可以先做好心理準備囉！遇到任何不順利和不合理的事情，記得保持冷靜，多深呼吸。

如何在波蘭買房

對很多台灣人來說，買房是人生相當重要的事情。雖然房價偏高，但擁有自己的房子，依舊是多數台灣人的夢想。那麼波蘭的狀況又是如何呢？如果有機會可以買自己的房子，波蘭人也是會朝這個目標前進。然而波蘭的房價貴嗎？年輕人可以負擔得起嗎？這一次就讓我們來聊聊波蘭的房地產環境吧！

波蘭房價穩定成長中

以2021年波蘭首都華沙的狀況為例，平均一平方公尺的價格為11,000元波幣左右（約為一坪26萬元台幣）。當然也要看地區，以華沙市中心精華地段來說，平均價格甚至可以超越每平方公尺16,000元波幣左右（約為一坪37萬8千元台幣）。其他大城市的房價，則大約是華沙的九成以下。波蘭的房價近幾年也是穩定的成長，從2012到2020年初，總漲幅大約超過40％。

因為波蘭物價越來越高，在銀行存錢不太划算，只會繼續貶值，所以這

華沙市中心鮮少有新房子，大多為 40 ～ 100 年的老房。

幾年來有越來越多波蘭人把買房視為是儲蓄或投資。有些人買房之後，會稍加裝潢整理再把房子租出去，用租金來還房貸。

從租屋市場來看，小的房子會比大的房子容易租出去。也因為如此，小房的每平方公尺價格會比大房還要貴。比起買房的價格，租房的費用相對較高。而房地產租金投資報酬率的指標，稱為房價租金比。即為房價除以每月房租的結果，依此判斷房價是否偏高。也可以解讀為靠租金收入，多久可把付出的房價賺回來。華沙的房價租金比大約落在17到23年，依據房型和位置而有所差異。而台北，聽說是超過50年。

在許多西歐國家，租房是很常見的，這不代表沒有錢。有些人甚至一輩子都不會買自己的房子。但對波蘭人來說，大部分的人還是比較希望擁有自己的房子。

華沙市中心的房價近幾年持續飆漲，在疫情期間也沒有向下的趨勢。

波蘭買房須注意兩個關鍵

找房子的時候，除了位置、大小、房價之外，還要注意兩件關鍵的事情。首先，要確定購買房子的種類是擁有權還是使用權。有部分的房子屬於「房屋協會」(spółdzielnia) 所有，購屋的人只能買到使用權，而非擁有權

雖然法律存在一些允許把使用權改成擁有權的規定，但實際上還是要確認該土地的狀況。購買使用權的房子，有可能無法申請房貸。再加上把使用權改成擁有權的過程需要花一點時間處理，因為種種的限制和不便，這種房子的價格自然會稍微低一點。

另外一種需要注意的房子，是使用比較不好的建築工法「大水泥板（wielka płyta)」蓋的房子。這類房子在70年代特

別盛行，一般認為這種建築的壽命會比較短，結構比較不穩，也容易發生各種問題。

很多人選擇到郊區買房子

這幾年也有越來越多波蘭人選擇不住在城市，而在郊區或小鎮買房。很多人想住在比較安靜的地方，擁有自己的小院子，因此郊區房價漲得比城市的還快。有的人還認為疫情甚至讓這個趨勢更為加速（封城期間待在城市的小房子讓人身心俱疲）。雖然以平方公尺來算獨棟透天還是比城市的房子便宜，但跟 2020 年比起來，2021 的獨棟透天還是平均漲了大約 20%。

不只波蘭人想投資買波蘭的房子，因為波蘭的經濟一直在成長，房價一直在漲，有越來越多的外國人也開始對這裡的不動產感興趣。外國人可以在波蘭買房子嗎？答案是：可以。最方便的方式，也是百分之百會成功的選項，就是買不含土地的房子，像是公寓或套房。如果是含土地的房子（比如有院子等等）就需要先跟政府申請。整個流程不但耗時許久，也無法確定最後會不會成功。

很多人都覺得，波蘭的房地產走勢狀況，就像是30年前的台灣一樣，讓人有無限的想像空間。如果你也有投資海外房地產的規畫，以上資訊給你當作參考囉！

文化觀察

波蘭的人口

波蘭人口超過 3,800 萬，是歐盟人口第五多的國家。但即使如此，住在城市的人口並沒有那麼多。整個國家只有一個城市人口超過百萬（華沙），全國有超過 7 成的人都住在郊區。

波蘭是個友善動物國家

造訪波蘭朋友的家裡，通常要有心理準備，不只主人會來招呼你，就連他們的寵物也有可能過來和你打招呼。波蘭人普遍喜歡動物，根據一項調查，有超過一半的波蘭人都有養寵物，其中又以養狗和貓最為常見。

大家也都習以為常寵物出現在公共場合。我曾經有好幾次在波蘭搭火車時，看見主人抱著狗，一起靜靜地坐在座位上。通常這類上火車的狗都很乖，不會亂叫或是向陌生人討食物，也沒有人會向他們投以異樣的眼光。而在波蘭帶寵物搭車不需要裝在籠子裡面，只要配戴嘴套和牽繩即可。

空間大、森林多，適合養寵物

仔細想想，波蘭的環境真的滿適合養寵物的。以郊區來說，一般家庭都會有自己的院子，有著寬廣的活動空間。只要打開門，就可以隨時讓寵物出去奔跑、曬太陽。我們家的狗狗們就是如此，每當看我們到了玄關，準備開

看看影片

我們在波蘭照顧流浪貓

波蘭是個對寵物相當友善的國家。

門時，牠們就會又叫又跳，知道自己又可以出去玩了。

不只是狗，就連貓也是。我們的貓也常常會在我們的腳邊徘徊，一邊喵喵叫，提醒我們該放牠們去院子活動囉！

即使住在市區，帶寵物出門也不是問題。波蘭的人口和住宅密度沒有台灣這麼高，遛起狗來很輕鬆自在。波蘭的公園非常多，面積普遍比台灣大，許多都是比大安森林公園還寬廣的規模。這樣看起來，波蘭根本不愁沒有空間可以遛狗啊！

除此之外，波蘭的森林也很多。許多人即使住在城市，都可以步行抵達森林。帶著狗去森林散步，也是很棒的體驗。狗看到大自然的景色，會興奮到不可自拔，甚至會拖著你跑，這也是我從前沒有體驗過的。

波蘭在制訂某些規範時，也會考慮到寵物。舉例來說，波蘭的許多城市，跨年時都會舉辦跨年晚會。在前幾年，不少大城市的官方跨年活動便陸續開始不放煙火了，原因就是避免煙火的聲光驚嚇到動物，不論是野生動物還是寵物。雖然也有不少人會自行買鞭炮來放，但官方帶頭停止放煙火，站在長遠的角度也會漸漸影響一般人的想法。

近年來，波蘭也開始大力推廣領養代替購買。許多人也都身體力行，領養動物庇護中心的寵物，希望可以進而影響社會大眾的選擇。

領養狗狗的流程

如果計畫領養狗，首先需先到流浪狗中心參觀。每一隻狗都有專屬的志工負責照顧，領養者需要和志工確認狗的個性，看看家裡的環境適不適合牠。如果家中有小孩，就會看看這隻狗喜不喜歡孩子。如果家中有其他的狗，也會看看這隻狗和別種狗是否容易相處。

也不是想要領養，就一定可以領養到。志工會陪著你，和狗狗一起出去散步幾次，看看你是否可以和狗狗相處愉快。有時候，也會有專人到你家拜訪，確認家裡環境是否適合這隻狗。這些流程都跑完之後，他們才會做最後的決定，決定這隻狗能不能託付給你。

正式簽署領養文件之前，也需要先帶狗去看獸醫，看狗狗本身有沒有什

麼身體上的問題。如果一切順利，最後就會在文件上面簽名，正式完成領養的手續。

我們家的3隻狗和4隻貓，都是領養來的。除了到動物庇護中心領養之外，波蘭也有相關的交流網站，如果家裡有動物想要送養，就可以在網站上刊登訊息。領養者如果有興趣，就可以跟送養者聯絡。一方面送養者可以透過網站，確認領養者的基本資料，確保寵物可以找到負責任的主人。而領養者也同樣可以確認寵物的狀態，看看適不適合自己。

純種狗不得在寵物店購買

如果想養純種狗，則必須和合法的養殖場接洽，無法直接去寵物店挑選。波蘭政府有規定，寵物店不能直接將狗放在店內展示。購買前對方也會確認主人的條件，看看他的家庭環境和個性適不適合養這品種的狗。波蘭最流行的純種狗是約克夏、拉不拉多、德國牧羊犬。

根據我自己的觀察，波蘭是個對待動物相當友善的國家。有許多波蘭人雖然在外習慣板著一張臉，但一回到家看到寵物，就會綻放出燦爛的笑容，迫不及待地要抱抱這些毛小孩。那個反差之大，讓我印象深刻。整體來說，波蘭的寵物，的確算是很幸福的囉！

波蘭的暢銷書榜單

我喜歡逛書店，即使到了波蘭，這個習慣也沒有改變。雖然我的波蘭文程度，還不足以閱讀波蘭書籍，但光是欣賞封面，猜想書裡寫的內容，對我來說就是非常大的樂趣了。從書籍的設計和暢銷書榜單，也能一窺波蘭台灣兩地的種種差異。

視覺設計採簡潔沉靜風格

以書籍的封面來說，設計上較為簡潔，比較少看到多張照片、多種元素，同時拼裝在一起的風格。常常一張照片，或是一組圖案，搭配簡短的文字，就是一本書的封面了。以視覺來說，不會用過度反差的手法來吸引讀者的眼球。也因為如此，走進波蘭的書店，給人一種比較沉穩的感覺。

相較來說，台灣書籍的封面風格較為多元、大膽。不管是選色還是排版，變化都比較大。走進台灣的書店，像是走進糖果屋一樣，立刻會被五顏六色、繽紛閃亮的色彩所包圍。因此，即使把封面上的文字都拿掉，你依舊可以從設計風格得知，哪本書是中文書，哪本書是波蘭文書。

暢銷書多以名人傳記、探險類為主

另外一個特別的差異，就是暢銷書的種類。根據我自己的觀察，波蘭的暢銷書，有不少是名人傳記類的。主角有可能是波蘭名人，也有可能是做過特殊事蹟的人。比如戰地記者，或社會運動人士等等。另外像是全球知名的人物，像是歐普拉、蜜雪兒歐巴馬等等，這些人的傳記也頗受歡迎。

除了傳記之外，有另一類的書籍，也常常登上波蘭的暢銷書排行榜。我稱這類書籍，為「探險」類書籍。這類作品的主角，通常都做過非常了不起的冒險。比如攀登世界上所有的高峰、橫跨南北極、開帆船環遊世界等等。這類書的封面也通常會相當寫實，例如放上主角堅毅而結滿冰霜的臉，一看就讓人精神振奮、熱血沸騰。

這類的探險家，在波蘭是被廣為推崇的。他們可以因為種種的冒險事蹟，成為全國名人，接受電視專訪，甚至有的人還因此有了自己的節目。2018年時，有一組波蘭探險隊，挑戰冬季攀爬世界第二高峰K2，在此之前從來沒有人能在冬季成功登頂。雖然最後沒有挑戰成功，但在當時依舊掀起了熱潮。每當挑戰團隊的成員在社群平台上貼出最新進度的照片或影像，總是會吸引眾人的關注。那段時間，許多波蘭人聊天的話題都是，你知道今天他們已經爬到哪裡了嗎？（2021年第一組冬季登上K2的聖杯由尼泊爾雪巴人搶下。）

科普類書籍在波蘭也受歡迎

有另外一類的書也頗受歡迎，那就是科普類的書，這也讓我有點意外。有個美國科學家，寫了許多天文物理的相關書籍，希望能增進一般民眾的科學知識。乍聽之下會覺得這個主題太過冷門，但結果每一本都在波蘭熱賣。

有意思的是，台灣暢銷書榜單常見的理財類書籍，例如教你買股票、投資房地產之類的作品，在波蘭卻相對稀少。我覺得這個現象太特別了，難道波蘭人對這個主題完全沒興趣嗎？

蜜拉告訴我，或許是因為大部分波蘭人手頭能投資的錢比較少，所以也就不會看這類書吧！但其實台灣也有很多暢銷書，教手頭不寬裕的人或小資族，如何從零開始存錢理財。比較起來，波蘭人對探討金錢財富的書籍真的比較沒興趣。

理財類書籍在波蘭不盛行

不只是很難找到理財書，就連電視新聞，也很少報導股票市場的消息。在股市創下歷史高點的台灣，買股票幾乎成為了全民運動。即便遇到不買股

文化觀察

波蘭特有的通俗音樂類型 Disco Polo

Disco Polo 是波蘭的一種電子舞曲，節奏很強烈很洗腦，歌詞非常通俗。有些人覺得 Disco Polo 沒有品味，是粗俗的人在聽的，但也有不少人非常喜歡。如果參加波蘭的婚禮，許多人也會特別播放 Disco Polo 來帶動氣氛，讓大家跳得更開心。有興趣的朋友歡迎在 YouTube 搜尋 Disco Polo，體會一下。

票的人，也多多少少知道最近的加權指數是漲還是跌。畢竟每天的新聞都會報，如果股市大漲或是大跌，肯定也會是當天電視台的重點消息。但是在波蘭，如果你問一般人這個問題，通常只會看到對方疑惑的表情。投資股票的風氣沒那麼盛行，至少對於普通人來說，那是相對陌生的領域。

整體比較下來，比起增加收入、創造更多財富，波蘭人似乎更重視人生經驗。雖然波蘭整體不如台灣富有，也沒有那麼多投資理財達人。但波蘭的登山家和探險者卻是人才眾多且世界知名，這類的人士在波蘭也普遍受到眾人尊敬推崇。

台灣和波蘭的暢銷書單，或許也多多少少反應兩地的觀念差異和社會價值觀的不同吧！

陌生人互動的社會氛圍

波蘭政府規定，在波蘭久居的人都需要有戶籍地址。來到波蘭不久後，我們便到蜜拉家附近的公所辦手續。久聞波蘭的政府公務員，普遍來說態度比較冷漠，我早已做好心理準備。但因為聖誕節快到了，我心中抱著一絲期待，希望他們會因為佳節將至，心情會愉悅一些。

與波蘭公務員的交手心得

但看起來我們想得太美好了，負責承辦的小姐，依舊是板著一張臉。這倒也無所謂，畢竟對方也沒有義務要笑臉迎人。填好各式表單後，對方請我們先去繳費，再印證明文件給我們。於是我們走出她的辦公室，前往收費櫃檯，付好錢後繞了一圈再回來。

眼看手續即將完成，可以回家休息了，但沒想到這位小姐竟然拿著我的護照，說了一句讓我瞠目結舌的話：「系統裡找不到台灣這個選項，只能找

看看影片

在台灣和波蘭，
去公家機關辦事有什麼差異

到泰國。」她冷冷地看著我們，那表情彷彿是說，你要不要選泰國算了？

眼看狀況越來越不妙，我們趕緊打電話給駐波蘭代表處求助，最後才得知原來那個欄位可以選 Mieszkaniec Tajwanu，也就是台灣公民的意思。我們告知那位小姐，她才不甘不願地處理，還不忘低聲碎念。

如果我當時一時糊塗，在慌亂下真的選擇了泰國，之後我在波蘭的生活一定會遇到很多問題。但這種事情，對方似乎完全不擔心。對她而言，只要能解決眼前狀況就好了，不論是如何解決的。

這個現象也不限於公務員，就連去一般的商店或餐廳，店員也不一定會友善貼心地應對。對不少從業人員來說，提供讓顧客愉悅的服務，不屬於他們的工作範圍。

台灣的好效率及服務讓蜜拉驚訝

這下我總算理解，為什麼之前在台灣，帶蜜拉去移民署辦居留證，她會那麼驚訝了。我們一踏進新北市移民署服務站，馬上就有熱情的義工過來協助，告訴我們整個流程要怎麼進行。我們也只要填寫簡單的表單，費用直接交給負責承辦的人員就好，完全不用像玩大地遊戲一樣到處闖關。

相較起來，在台灣的政府單位辦事，真的是超級愉快。他們真的有站在一般民眾的角度，去設想如何才會讓過程更順利。難怪蜜拉當初有種受寵若驚的感覺，發現原來面對公務員，也可以是開心的事。

也不只是公家單位，在生活中許多場景，都可以感受到差異。對許多台灣服務從業人員來說，滿足需求是基本，讓對方感受到愉悅舒適，才是工作的終極目標。

甚至在顧客理虧的狀況下，不少台灣的服務人員依舊會顧及對方的感受。有一次我們搭高鐵，看見列車長在查票。當他發現有人持自由票，卻坐在對號位上，列車長不但不會生氣，還會很客氣且很有禮貌地請對方移到自由車廂去。在波蘭，我們看過幾次，查票員和票卡有問題的乘客直接吵起來。

台灣重視人與人之間的關係

與其說台灣的服務比較好，我覺得更應該說，台灣社會比較注重社會氣氛，以及人與人之間的關係。從這個角度來看，就能解釋在波蘭生活時，許多讓人不太愉快的狀況了。相較於台灣，波蘭人做事情時，真的比較不會關心陌生人的感受。

台灣人大體上而言，做事情或說話，或多或少都會抱著關心對方的心態。這樣子的差異，也是蜜拉回波蘭後很想念台灣的特色之一。

但有的時候，有些台灣人也會誤判情勢，以為這樣的行為是關心，卻不知道其實會造成別人的困擾。舉例來說，許多在台灣生活的波蘭朋友都告訴

我們，他們都曾有過類似的經驗，被不是很熟的人（例如早餐店阿姨）問最近怎麼變胖了？怎麼變瘦了？臉上怎麼長痘痘了？什麼時候要生小孩？

不管對方的原意如何，聽在波蘭人的耳裡，這些關心是過度侵略性的。而這類的現象反倒在波蘭就比較少見。外表鮮少會成為話題，那是屬於每個人的私事，容不得別人來討論。

對於他人關心程度的文化差異，絕對是在波蘭生活的台灣人，以及在台灣生活的波蘭人，能深刻體會到的事情。至於哪一種風格比較好，當然沒有標準答案。

只能說與不同文化的人相處，真的需要拿捏好尺寸，過猶不及都可能造成不必要的困擾。

路上觀察 **進商店要打招呼**

雖然波蘭的陌生人在路上不太互動，表情看起來都冷冰冰的，但如果進去商店，大家會習慣和店員打招呼，離開的時候也會說再見。進電梯和火車包廂的時候，也有人會和裡面的人打招呼，離開時也會告別。這在波蘭被視為是有禮貌的行為。

波蘭的車子會禮讓行人？

台灣很多小學都有導護志工的編制，讓學生家長拿著長棍子，護衛學童過馬路。但讓我想不透的是，導護的地點有很多都已經有紅綠燈了，如果每個駕駛都遵守交通規則，禮讓學童，根本也不需要導護志工了吧？

不只是小朋友，就連大人過馬路，也是要小心翼翼。根據我在台灣生活的經驗，如果你過馬路過得太慢，很有可能就會被左右轉的車施壓。他們可能會貼近你，到幾乎要碰在一起的程度。我甚至還遇過行人綠燈時，駕駛為了轉彎，對著斑馬線上的行人按喇叭，真是讓我百思不得其解。

都已經是行人綠燈了，行人的路權不是本來就應該最大嗎？不論是考汽車或機車駕照，筆試出這一題，相信大家應該都不會答錯。但為什麼實際上路之後，又完全不同了呢？

來到波蘭生活之後，我發現這裡的汽車竟然會讓人。一開始我還不敢相信，以為只是我運氣好，遇到剛好會禮讓的司機。但後來經過長時間的驗證，

看看影片

看看波蘭駕駛
是如何禮讓行人

即使在波蘭車流最高的區域，依舊有禮讓行人的習慣。

發現超過90%的駕駛都是如此。讓我不由得發自內心讚嘆，這樣才是正確的啊！

汽車會早早踩煞車禮讓行人

雖然有些波蘭小學，也有類似導護志工的編制，但規模不像台灣那麼大。小學生自己走路上學，不是什麼危險的事。我們家在郊區，不是每個路口都有斑馬線，但這也不是問題。駕駛看見有學童要過馬路，會在幾公尺前就停下來，安分地等學生先通過。換個角度想，相較來說波蘭駕駛心中都有導護志工的概念，不太可能為了趕時間，和小孩搶道，將車子逼近學童。

不只是小孩有這樣的待遇，就連成人也是。每次我想過馬路時，不論在市區還是郊區，遠方的車子即使速度不慢，也都會乖乖踩剎車，在離我很遠的地方停下來，讓我先走過去。一開始我還沒習慣，看到車子接近，總是會停下腳步想等車子先通過。但車子不會因為我停下來就不理讓我，他們依舊會停車讓我先走，真是讓我受寵若驚。

這種汽車禮讓行人的觀念非常徹底，即使沒有交通號誌和警察的約束也是一樣。行人的路權最大，那是種發自內心，扎根於文化中的普世價值。

有時候我會開玩笑地跟蜜拉說，台灣和波蘭有種反差。在台灣比較常看到人的笑容，但車子卻對你很殘酷。在波蘭比較難看到陌生人的笑容，但車子卻對你很友善。為什麼台灣人和波蘭人，一旦上了車，就彷彿變了一個人呢？

波蘭交通罰款比台灣低，但有扣點罰則

可能很多人會覺得，波蘭的交通規則罰款一定比台灣高很多，所以駕駛才不得不乖一點。但我研究了一下，未必是這樣。以超速來說，波蘭的罰則和台灣都是採漸進式的。如果超速10～20公里，波蘭罰款約為800元台幣，而在台灣則會罰3,000元台幣。而以波蘭最高的罰款層級，超速50公里來看，罰款為4,000元台幣，台灣則為5,000元台幣。如此比較下來，可以發現台灣的罰款明顯高於波蘭，所以要說因為嚴刑峻罰，造就波蘭相對安分的開車習性，是說不通的。

但仔細來說，波蘭的交通罰則的確有特別之處。那就是除了罰金之外，有所謂的扣點制，每個駕駛都有24點，只要違規就會扣點，當點數扣完了，

駕照就會被吊銷。

舉例來說，如果超速10~20公里被抓到，就會被扣2點。換算一下，只要超速個12次，駕照就會被收回。如果超速的程度更大，扣的點數也會越多。如果已達到危險駕駛的程度，例如在住宅區超速60公里，駕照甚至可能被立即吊銷。

因此波蘭雖然罰款不若台灣高，但卻制定了一套退場機制，減少不適任駕駛上路的機會。

我曾經看過一則新聞，有位駕駛開車時朝窗外丟垃圾，剛好被警察看到。警察攔下車後，除了開單之外，還把車子扣住，要這位駕駛走路回去撿垃圾……雖然這好像有些私法正義的元素在裡頭，但這也反應了波蘭對駕駛違規的想法。

有趣的事情是，波蘭駕駛雖然對行人很友善，但駕駛和駕駛之間的關係，就沒有什麼特別之處了。他們也會因為不耐煩而按喇叭，也可能會因為不滿意其他駕駛的開車方式而起衝突。

下次來到波蘭，如果看到駕駛在遠方停了下來，可別嚇到了。也請不要懷疑，就大方過馬路，好好享受行人至上的權利吧！

路上觀察　交通違規的私法正義

也有聽說過有些波蘭人會在違規停車的車輛上，張貼寫著不雅字句的貼紙。這種貼紙的黏性很強，貼在車子上很難撕下來，甚至會留下痕跡、破壞烤漆。雖然這種行為也是違法的，但也反應了波蘭人對不守交通規則之人的態度。

從電影與電視看波蘭歷史與生活

來波蘭生活前，偶然認識了一位台灣影像工作者，閒談中他告訴我，自己有位朋友也在波蘭念書。原本我以為是交換學生這類的短期留學，畢竟近年來，波蘭和台灣的大學間交流越來越多了。但他卻告訴我們，他的朋友在波蘭的羅茲電影學院主修導演。

來波蘭念電影？好特別的選擇啊！我告訴蜜拉這件事情，蜜拉告訴我她完全不意外，因為波蘭的電影產業真的是有其獨到之處。

20世紀時波蘭出了2位享譽世界的大導演，其中一位是奇士勞斯基(Krzysztof Kieślowski)，著名作品包含了《十誡》、《藍色情挑》、《白色情迷》、《紅色情深》。我這才回想起自己其實在大學的通識課上，都欣賞過這些作品。另一位則是曾因《戰地琴人》獲得奧斯卡最佳導演獎的波蘭斯基(Roman Polański)。

這2位大導演都曾就讀羅茲電影學院，這所學校在電影界的盛名不言而喻。

鄰近華沙舊城區，歷史悠久的電影院。

電影常以歷史背景發揮，題材更具深度

如果將目光放到近代，近幾年來，波蘭電影持續在世界發光發熱。2015年《依達的抉擇》拿下了奧斯卡最佳外語片大獎。無獨有偶，2019年和2020年《沒有煙硝的愛情》和《另類神父》接連入圍奧斯卡最佳外語片。

這些著名電影作品，節奏和架構有別於好萊塢商業片，剛接觸波蘭電影的觀眾或許第一時間不太容易適應。然而跨出第一步之後，相信許多人都會被劇情的寓意和畫面的美感深深吸引。

有些人可能會覺得波蘭電影比較憂鬱，節奏緩慢，其實我也有這種感覺。波蘭電影的靈感取材，常常源自於歷史傷痛、政治環境下的壓抑、大時代下的無奈、時代變遷的動盪與衝突、宗教與世俗間的反思。在這樣背景下創作出的電影作品，散發出憂鬱的氛圍，似乎也不難想像。以藝術作品來說，憂鬱不見得是負面，有時憂鬱反倒能襯托出美感。

蜜拉一直提醒我，斯拉夫文化中就是有種憂鬱。每個剛抵達波蘭的外國人，心中充滿著身處異地的興奮感，看待每件事物或許都只會看到愉悅的一面。生活久了，開始接觸更深層的文化後，就能發現這些憂鬱元素了。透過觀賞波蘭電影，我們可以跳過摸索的過程，直接感受到核心的那一面。

長壽電視劇多以日常生活題材為主

有別於電影，波蘭的電視劇就比較貼近一般人的生活了。蜜拉覺得很有趣，台灣的電視劇很常出現總裁、機師、醫師等等社會地位較高的角色。但波蘭電視劇的人物設定，則以一般的普通老百姓為主。也因此，家族企業鬥爭那種轟轟烈烈的戲碼不會出現。看波蘭電視劇，有點像是在看鄰居家裡發生的故事。

這類的電視劇也有個有趣的特色，那就是通常都已經播了很久的時間。蜜拉爸媽最常看的那齣劇，已經開播超過10年了。雖然片頭和片尾曲都沒有變化，但劇中的角色卻已經改朝換代了幾輪。所以會發現有些在片頭曲畫面中出現的角色，在當下最新的劇情已經找不到他了。眾多演員會架構出幾種互不影響的劇情，這些不同劇情線會在獨立的狀況下持續推展。

除了電視劇之外，波蘭也很流行諷刺類的短劇。相聲是其中的一種，另外還有劇情簡單的單元劇。波蘭人是出了名愛抱怨的民族，當政治和社會現實讓人無奈時，以自嘲形式，挖苦自己的短劇也就大受歡迎。每天晚上打開電視，總是可以看到這類的節目，這也算是讓大家紓壓的方式。蜜拉爸爸曾開玩笑地對我說，如果我想寫關於波蘭真實樣貌的書籍，多看這類節目就對了。

從電影，可以學習深層的文化歷史；從電視，則可以了解社會現況，這兩者都非常推薦給對波蘭有興趣的朋友。

路上觀察　**波蘭的長壽電視劇**

波蘭有個長壽劇《Świat według Kiepskich》，播出了上千集，劇中的角色陪伴著許多波蘭人一起長大。其中有位主要演員，後來得了阿茲海默症。但他偶爾還是會出現在最新的內容之中，大多沒有台詞，就是靜靜地坐在那裡。一方面是感謝這位演員的付出，另一方面也讓觀眾可以記得過去他在這齣戲裡活躍的時光。而該演員已於近期離世。

在波蘭最不順的一天

在波蘭生活，常常會有意想不到的事情發生。事先做好心理準備，抱持著兵來將擋水來土掩的心情，或許可以更適應這裡的生活。

去移民署服務處申請居留證前，我們特別上網搜尋了一下，看看大家的經驗分享。打開Google之後，看到大家平均只給移民署1.7顆星的評價，我們都嚇到了。

看了一下大家的留言，發現很多人抱怨公務員的態度很糟，也有些人抱怨移民署的服務電話都沒人接聽，而最多人抱怨的則是居留證核發的時間過久，甚至有人超過一年都還沒有拿到。

看完了大家的評論之後，我們抱了最壞的心理準備，親自到華沙地區的移民署闖關。但結果很讓我們意外，負責接待我們的那位公務員，除了很有耐心之外，甚至還會對我們笑呢！

過程中有個小插曲，那就是我們在台灣拍的證件照，不符合他們的規定。

移民署服務處應該是所有在波蘭的外國人都不太喜歡的地方。

他們大可以請我們下次再來，重新排隊預約，但最後卻直接讓我們在現場補拍，當時真的覺得自己是全世界最幸運的人。

幸運之神不再眷顧的開始

原本以為網路上的傳言都是極端言論，其實大部分的人跑這個流程，應該都很順利才是。但就在最後發生了一段插曲，這位公務員告訴我們，採集指紋的系統壞掉了，所以我們必須之後再來補採。

越晚採指紋，就可能越晚拿到居留證。再加上沒有採指紋，我就沒辦法拿到可以獲准待在波蘭等居留證的證明章，所以我們希望可以盡快解決這件事。

於是我們問對方，什麼時候可以修好呢？對方回答因為問題比較嚴重，目前還不能確定。我們再問，那明天有機會嗎？對方還是說不確定，但如果我們想賭賭看，可以明天來試試。

看起來我們也別無選擇了，就決定賭一把了。隔天準備出門前，才想到其實我們可以先打電話問問他們啊！如果機器真的還沒有修好，我們就不需要浪費時間白跑一趟了。

我們趕緊上官網查電話，但卻看到了一行字寫著，電話系統故障中，等待修復。我想起了Google評價上的留言，很多人說打電話過去沒有人接，沒想到這下電話竟然直接故障了，想打也沒辦法打。

既然這樣，也沒其他的辦法，只好到現場碰運氣了。

我們準備搭火車前往市區，買車票前，發現售票機前大排長龍。約有15個小學生排在我們前面，看起來是要搭火車去校外教學。大家買票的速度非常慢，過了20分鐘，隊伍依舊沒有前進多少。眼看火車已經來了，最後我們只好多花一點手續費，上車和列車長買票。

我覺得有點奇怪，通常校外教學，學校不是應該先幫學生安排好交通工具，或是先準備好車票嗎？就算是現場買票，也應該是由老師幫忙買全班的票，這樣才比較有效率吧？連在台灣生活久的蜜拉，都沒辦法理解為什麼。

搭車前遇到這樣奇怪的事情，讓我們對今天的計畫，有了不祥的預感。

到了移民署，我們先問了櫃檯人員，採指紋的機器修好了嗎？沒想到他們竟然回答我們不知道，一臉狀況外。所以我們只好進辦公室，鼓起勇氣詢

問承辦人員。

這一次幸運之神沒有站在我們這邊，指紋系統還沒有修好，我們來回2個小時的車程，將近400元台幣的車資，就這樣泡湯了。而我們不是唯一受影響的人，以每天破百個申請者來計算，這個系統修越久，造成社會整體的損失就越大。畢竟有很多人是必須請假，丟下工作，大老遠跑來的。

如果他們可以接電話告訴大家，或是在網站上公告，就可以省掉許多麻煩啊！

既然沒辦法採指紋，我們打算去看個電影，至少不要讓這趟旅程空手而歸。但到了火車站，發現因為鐵路維修，我們原本要搭的那班車改路線了。因為無法搭到火車，我們只能就近去全波蘭最貴的電影院，多花了一倍的電影票價。

在波蘭生活，有時會遇到這類光怪陸離的事情。種種小事上的不便，累積起來，就變成了巨大的不便。在台灣生活很久的我，已經被便利和高效率的社會寵壞了。

曾經聽別人說過，如果一切都順利，那就不像在波蘭生活了。做好這種心理準備，奇奇怪怪的小意外發生時，衝擊也就不會那麼大了。

路上觀察　**夫妻可申請共同帳戶**

在波蘭，夫妻能夠申請銀行共同帳戶，這帳戶會同時掛在兩個人的名下，夫妻也能各自擁有提款卡。因為士愷的存款都在台灣，我們原先想申請這種帳戶，讓士愷看起來更具備居住在波蘭的經濟能力，加快居留證的申請時間。

熱鬧的波蘭聖誕節

大概從12月開始，可以很明顯地發現香水類、手機類的電視廣告變多了。這個現象其來有自，因為波蘭人特別喜歡送香水和手機給家人當聖誕禮物。這些廣告也在提醒大家，聖誕節可不是從12月24日才開始過，在這之前就應該先買禮物，為節慶熱身了。

蜜拉的家人會互相準備禮物送給彼此，但過程都是保密的。為了送禮送到心坎裡，也避免誤送地雷，大家很早就會開始打聽，究竟對方想要什麼東西。

波蘭的聖誕樹是真樹喔

然而卻有一樣東西，是大家會一起去買的，那就是聖誕樹。蜜拉家習慣在聖誕節前一個星期，到傳統市場去挑選聖誕樹。波蘭不流行塑膠聖誕樹，放在家裡的聖誕樹通常是真的樹，高度從1公尺到3公尺，甚至更高都有。樹也有不同品種的差異，形狀樣式各有特色。除了外觀，連味道也有所不同。

看看影片

看看波蘭家庭
怎麼過聖誕節

波蘭流行在家裡放一顆真的聖誕樹。

蜜拉和家人也會特別聞一下，看看樹有什麼特別的香味，這真是讓我大開眼界。

順道提一下，波蘭的傳統市場很有趣，從麵包、起司、蔬菜、肉類到鍋碗瓢盆什麼都賣，甚至連家具都有。我們上次去的時候，甚至還看到許多貨櫃車，貨櫃裡就是樣品屋。如果你想裝潢家裡，就可以當場和老闆接洽討論。

把聖誕樹運回家之後，接下來就是布置了，這也是小朋友最喜歡的事情。蜜拉小時候甚至會自己剪紙，將紙雕掛在樹上。現在就比較簡單一些，把現成的裝飾品，像是木雕、藤製品、聖誕樹球、天使和聖誕老人木偶掛在樹枝上，接著在樹頂的地方掛上一顆大星星，再披掛閃閃發亮的燈泡，就大功告成了。看著客廳佇立著這麼一顆耀眼的聖誕樹，馬上就能感受到過節的氣氛囉！

聖誕節就相當於台灣過年一樣熱鬧

聖誕夜那天，媽媽通常會特別請假，從早到晚張羅晚餐要吃的食物。沒錯，波蘭聖誕夜那天不是國定假日，只會放12月25和26日這兩天，這也是我覺得很奇怪的地方。明明是最重要的時刻，最忙的一天，結果這天竟然沒放假？相較起來，台灣過農曆年至少會放7天，真是大方許多。

我們也會幫忙擀麵團，做波蘭水餃。除此之外，也會幫忙燙聖誕晚餐用的桌布。波蘭人喜歡燙東西，就連桌布都要燙得很平整。

如同除夕一樣，聖誕夜是波蘭家庭團圓的時刻，在其他城市生活的哥哥、大嫂、妹妹也會回家。大家會敘敘舊，聊聊近況。哥哥和大嫂他們會輪流在彼此的老家過聖誕夜，如果今年在這邊過，明年就會回大嫂家過，這應該也是台灣比較少見的協調方式。

因為波蘭冬天很早就天黑了，大概在5點以前，聖誕晚餐就可以開始了。用餐前大家會拿著白色薄餅（opłatek），和每個人說祝福的話，接著撕下一塊對方的薄餅吃掉，這也是非常有特色的聖誕節傳統。

波蘭聖誕晚餐的菜色，通常都是素的。但波蘭人對吃素的定義沒有那麼嚴格，不只大蒜洋蔥沒問題，就連吃魚也能算是吃素。在號稱是素的聖誕晚餐之中，總是會有幾道菜是跟魚肉相關的（例如炸鯉魚）。

用餐之餘，也一定會喝酒，男生基本上都會喝伏特加。平常的時候，如

每年聖誕節時，在華沙舊城區城堡廣場都會放巨大的聖誕樹，非常有過節氣氛。

果哥哥喝太多伏特加，大嫂總是會投以關心的眼神。但今天就完全開綠燈了，畢竟是一年一度的聖誕夜，就讓大家盡情地喝吧！

某些家庭，會為了已經離開的親人，多準備一張椅子和餐具。據說這也是為了那些無家可歸的人，如果他們來敲門，大家會邀請他們一起進來用餐。但後來做過調查，真的會開門讓陌生人進來用餐的家庭，已經越來越少了。

用餐到一半，蜜拉爸爸會去換裝，變成聖誕老人發禮物給大家。這也是蜜拉家特有的傳統，蜜拉小時候一直以為聖誕老人真有其人，一直到後來才發現，原來是爸爸裝扮的。

桌上放的菜肴，分量非常多，大家絕對不可能吃完。而剩下的菜，也就會成為接下來幾天的食物，我們會一直吃到元旦前，才勉強吃完。

對學生來說，學校這時會停課一段時間。而對上班族來說，則是個好好休息，回顧一整年的放鬆時刻。大家都很期待這一天的到來，也期待接下來新的一年，一切都會越來越好。

新冠肺炎疫情下的生活

2020年肺炎疫情剛爆發時，波蘭在一開始尚未被波及。當時我們跟一位在波蘭生活許久的中國朋友見面，她很老實地告訴我們，她現在已經不跟其他亞洲朋友見面了。但因為我來自疫情穩定的台灣，加上已經在波蘭生活一段時間了，所以才願意出門赴約。

她還告訴我們，波蘭人看起來完全不擔心，但其實在波蘭生活的華人已經做好抗戰準備了。許多人開始囤口罩，囤生活物資，避免去人潮擁擠的地方。其實也不只如此，也有許多台灣人私訊給我，希望我們可以幫忙他們在波蘭買口罩。

疫情爆發初期，全國仍有口罩歧視

相較於亞洲人的戰戰兢兢，在2020年2月以前，許多波蘭人都覺得新冠肺炎疫情很遙遠，只是眾多新聞事件的其中之一而已。雖然零星的疫情開

疫情期間，即使是華沙熱門景點，人潮都不如過往。

始出現在歐洲其他國家，依舊沒有改變波蘭人的生活。

波蘭人原本就屬於「不戴口罩」文化圈，醫療衛生專家甚至也在電視上告訴大家，沒生病的人不需要戴口罩。也因此，在2月以前波蘭路上真的完全看不到戴口罩的人。醫院門診的醫生護士，除非是開刀，否則也不會戴口罩，當然牙醫是例外。

2月蜜拉妹妹在搭火車時戴上口罩，甚至還被路過的乘客開口諷刺，懷疑她身上有病毒。在疫情大爆發前，與其說歐洲存在因病毒而引起的種族歧視，其實我們觀察到的反倒是這類的「口罩歧視」。直到4月中波蘭政府開始規定外出的人需要配戴口罩，或是用衣物遮住口鼻之後，大家才開始慢慢養成習慣。

3月5日，波蘭出現第一例確診，在之後在短短10天內確診人數就破了100人。加上這個時期，義大利每天確診人數都在暴增，都是好幾千人起跳，波蘭人終於開始緊張了。而政府更是一口氣把防疫的措施做到滿，立即執行。

疫情爆發，開始施行防疫政策

3月15日零點開始，波蘭開始封鎖邊境，只接受本國人、持居留卡者、本國人的配偶入境。而且不論是誰入境，都必須居家隔離14天。波蘭也立刻取消了所有的國際航班、國際火車，學校全面停課，禁止餐廳內用，只允許外帶，電影院之類的娛樂場所也被停業，50人以上的集體聚會都被禁止（包含宗教類的活動）。

這下子，所有波蘭人都知道，新冠疫情不再只是配飯吃的新聞報導了。於是波蘭也上演了一齣，在世界上許多文明國家都會發生的事情，就是到超市搶購東西。但幸好狀況不是太嚴重，想買的東西基本上都買的到。

因為所有的跨國航班和火車都被取消了，許多要回國的旅客，就必須另尋方法。此外捷克、斯洛伐克、烏克蘭、白俄羅斯、俄羅斯、立陶宛也差不多在這時關閉了邊界，所以唯一能逃出去的地方就是德國。自行開車是一種方法，甚至有的人先前往靠近波德邊界的小鎮，在公路上拖著行李箱，打算步行出境，再從德國搭飛機離開。

這中間也發生了一段小插曲，有一群立陶宛司機，被卡在德波邊境，無法開車回立陶宛。他們就發起了抗議，串聯車子把路給堵住，也不讓其他人回波蘭。後來那條路大概回堵了20公里，警察介入後才讓態勢舒緩。

疫情肆虐，各大城成為空城

大家開始盡可能不外出，沒事就乖乖待在家裡。搭乘大眾交通工具的人潮大幅減少，各城市的鬧區一片空蕩蕩，彷彿空城一樣。有攝影團隊以空拍機拍下了華沙在這時的景象，那場面非常震撼，現代化的街道和大樓之間，竟然連個人影都沒有，非常像是末日電影中的場景。

隨著疫情越拖越久，原本謹慎的波蘭人，慢慢放鬆起來。餐廳重新開放，大家正常出遊，與朋友見面，連口罩也戴得不標準。一天確診幾個人時，大家衝去超市搶衛生紙。後來一天確診幾萬人，大家反倒麻痺了，不會特別地恐慌。後來波蘭政府眼看狀況不對，又重新實施了新的防疫政策，縮減商業和社交活動。許多人因此減少了收入，甚至失去了工作。

到了這個時期，對大部分的波蘭人來說，能正常地工作，持續有收入才是最重要的。雖然正常去工作也意味著有被感染的風險，但對生活費沒著落的人來說，確診與否當然不會是首要關心的問題。

2020年底，波蘭開始施打疫苗，波蘭也是全世界優先施打的國家之一。希望等大多數人都接種之後，疫情可以盡快落幕，大家可以盡早回歸正常的生活。

文化觀察

疫情期間，波蘭與台灣的友好互動

波蘭疫情的最高峰，發生在 2021 年 3 月，在當時曾經一天確診超過 3 萬人。在這次的疫情中，台灣在波蘭的媒體曝光度提升了不少。總理在公開的演講中，呼籲大家要向台灣學習。專家在電視上談話，也常常以台灣做為抗疫成功的典範。而台灣捐贈給波蘭口罩，以及波蘭航空直飛台灣載回醫療物資，這些事情都登上了波蘭媒體版面，大大打響了台灣的知名度。2021 年 5 月，台灣開始爆發疫情後，換波蘭提供台灣 1,500 套醫療防護，並於 2021 年 9 月 5 日捐贈 40 萬劑疫苗給台灣，期待雙方在未來能有更多的交流互動。

世界主題 140

慢聊波蘭

波蘭女孩 x 台灣男孩蜜拉士愷的實境生活

作　　者　蜜拉(Emilia Borza-Yeh)、葉士愷
總 編 輯　張芳玲
編輯主任　張焙宜
企劃編輯　林云也
主責編輯　張焙宜
封面設計　許志忠
美術設計　何仙玲

太雅出版社
TEL：(02)2368-7911　FAX：(02)2368-1531
E-mail：taiya@morningstar.com.tw
郵政信箱：台北市郵政53-1291號信箱
太雅網址：http://taiya.morningstar.com.tw
購書網址：http://www.morningstar.com.tw
讀者專線：(02)2367-2044、(02)2367-2047

出版者　太雅出版有限公司
106台北市大安區辛亥路1段30號9樓
行政院新聞局局版台業字第五〇〇四號

讀者服務專線　TEL:（02）23672044 /（04）23595819#230
讀者傳真專線　FAX:（02）23635741 /（04）23595493
讀者專用信箱　service@morningstar.com.tw
網路書店　http://www.morningstar.com.tw
郵政劃撥　15060393（知己圖書股份有限公司）

法律顧問　陳思成律師

印　　刷　上好印刷股份有限公司 TEL：(04)2315-0280
裝　　訂　大和精緻製訂股份有限公司 TEL：(04)2311-0221

初　　版　西元2021年10月01日
初版二刷　西元2022年02月10日
定　　價　330元
(本書如有破損或缺頁，退換書請寄至：
台中市西屯區工業30路1號 太雅出版倉儲部收)

ISBN 978-986-336-416-0
Published by TAIYA Publishing Co.,Ltd.
Printed in Taiwan

國家圖書館出版品預行編目(CIP)資料

慢聊波蘭：波蘭女孩X台灣男孩蜜拉士愷的實境生活/蜜拉(Emilia Borza-Yeh),葉士愷作. -- 初版. -- 臺北市：太雅出版有限公司, 2021.10
面；　公分. -- (世界主題；140)
ISBN 978-986-336-416-0(平裝)
1.社會生活 2.文化 3.波蘭
744.43　　110013493